我国人力资本空间集聚及其影响研究

黄金玲◎著

知识产权出版社

全国百佳图书出版单位

—北 京—

图书在版编目（CIP）数据

我国人力资本空间集聚及其影响研究/黄金玲著.—北京：知识产权出版社，

2025.6. — ISBN 978-7-5130-8893-0

Ⅰ. F249.21

中国国家版本馆 CIP 数据核字第 2025EN6537 号

内容提要

本书主要研究我国人力资本空间集聚的特征及演变过程，探究人力资本空间集聚对城市劳动技能结构与城市创新的影响。在考虑空间相关性的基础上，从供给和需求的角度，分析人力资本空间集聚的原因。继而探究人力资本空间集聚的影响，主要分为两个部分：一是对不同技能水平劳动者就业产生的空间效应，二是对地区创新产生的空间效应。以期为我国区域协调发展战略和就业优先政策以及推动国内大循环为主体、国内国际双循环相互促进的新发展格局提供来自人力资本空间集聚方面的参考。

读者对象：教育经济与劳动经济领域的学生、教师同行、学者和政府相关部门人员。

责任编辑：张利萍　　　　　责任校对：王　岩

封面设计：邵建文　马倬麟　　责任印制：孙婷婷

我国人力资本空间集聚及其影响研究

黄金玲　著

出版发行：**知识产权出版社**有限责任公司	网　　址：http://www.ipph.cn
社　　址：北京市海淀区气象路 50 号院	邮　　编：100081
责编电话：010-82000860 转 8387	责编邮箱：65109211@qq.com
发行电话：010-82000860 转 8101/8102	发行传真：010-82000893/82005070/82000270
印　　刷：北京中献拓方科技发展有限公司	经　　销：新华书店、各大网上书店及相关专业书店
开　　本：720mm×1000mm　1/16	印　　张：12
版　　次：2025 年 6 月第 1 版	印　　次：2025 年 6 月第 1 次印刷
字　　数：184 千字	定　　价：69.00 元

ISBN 978-7-5130-8893-0

　　我国是一个地域广袤、人口密集的国家，东西部地区之间以及南北部地区之间在资源禀赋、经济发展水平等方面差异明显。自"九五"计划开始，我国便开始探索促进区域协调发展的路径。改革开放以来，我国区域发展战略经历了从"三大区域""四大板块"到现今的"京津冀协同发展、粤港澳大湾区建设、长三角一体化发展、长江经济带共抓大保护、黄河流域生态保护和高质量发展、成渝地区双城经济圈建设"多中心经济带以及城市群建设的区域协调发展战略转变，标志着我国在开启全面建设社会主义现代化国家新征程的同时，区域发展也迈上了新的台阶。但区域发展的不平衡依然是我国的基本国情。当前，我国的区域发展格局总体呈现东部地区发展优于中西部地区，城市发展优于农村的特征。"发展极"理论认为，在经济增长中由于某些部门或有创新能力的企业在一些地区或大城市集聚，形成"发展极"，这些"发展极"具有规模经济效应，不仅自身得以迅速增长，还能对邻近地区产生辐射带动作用。

　　按照中国人口密度划分线，即"胡焕庸线"，96%的人口集中分布在36%的东南部国土上，人口的分布呈现东南密集、西北稀疏的状态。而人力资本作为重要的生产要素，被证明是缩小地区差异、促进区域协调发展的重要因素。当前，我国的人力资本空间分布基本上与地区经济发展水平相耦合。不同区域间人力资本的集聚程度有所不同。空间集聚能够将人力资本的外部性放大，从而扩大溢出效应，这种溢出效应不仅仅在地区内部，在地区之间也依然存在。对人力资本空间分布的研究不同于以往的人力资本投资和积累，更多的是对人力资本配置效率的思考。

基于此，本书探讨的核心问题包括从供给的角度，分析人力资本空间集聚的原因，人力资本的空间集聚对城市不同技能水平劳动力就业和城市创新产出的影响。例如，在更小的空间单元基础上，我国人力资本空间集聚的状况经历了怎样的演变以及呈现怎样的特征？城市人力资本空间集聚的原因是什么？人力资本在空间上的集聚是否导致城市劳动技能结构出现分化？这对地区创新发展会产生什么影响？

笔者认为，对这些问题的回答需要研究高校扩招对人力资本空间集聚的短期和长期影响。对于我国来说，高校扩招政策使人力资本实现了跨越式发展，影响深远；从空间溢出效应出发，人力资本集聚对城市技能结构分化的影响，为当前多中心城市群建设对促进就业的作用提供有益参考；在人力资本集聚、空间溢出对城市创新的影响方面，不仅可以利用高校扩招构建工具变量解决内生性问题，还可以通过 Getis 空间过滤模型将人力资本空间集聚效应与溢出效应分离，以更加全面地分析人力资本集聚对城市创新产出的作用。

本书的出版感谢河北大学高层次人才科研启动项目（521100222052）和河北大学管理学院的经费资助。

目　录 CONTENTS

图目录

表目录

| 第一章 |

导 论

第一节 选题背景与研究意义

一、选题背景

我国是一个地域广袤、人口密集的国家，东西部地区之间以及南北部地区之间在资源禀赋、经济发展水平、社会文化等方面差异明显，当前我国社会的主要矛盾已经转化为人民日益增长的美好生活需要和不平衡不充分的发展之间的矛盾。区域发展的不平衡是我国的基本国情。法国经济学家弗朗索瓦·佩鲁提出的增长极理论认为，一个国家现实中难以实现平衡发展，经济增长通常是从一个或者数个"增长中心"逐渐向其他地区传导。改革开放到20世纪90年代中期，我国实施的是沿海地区率先发展的非均衡战略。这一时期，东部沿海地区依靠地缘优势和经济特区的设立等政策支持成为经济增长极，但在非均衡发展的战略下，我国东西部地区之间的发展差距逐渐扩大，区域经济发展不平衡现象也随之加剧。2013年后，经济增长又出现了"南快北慢"的新趋势，"胡焕庸线"两侧经济增长也出现分化。事实上，自"九五"计划开始，我国便开始探索促进区域均衡协调发展的路径。例如，1999年西部大开发、2003年振兴东北老工业基地以及2006年促进中部地区崛起等战略相继出台。进入新时代以来，在区域发展领域，形成了一系列新理念新思想新战略。党的十九大报告提出"实施区域协调发展战略"并将其纳入我国的"七大战略"中。2020年，党的十九届五中全会发布的《中共中央关于制定国民经济和社会发展第十四个五年规划和二〇三五年远景目标的建议》针对区域协调发展提出"推动西部大开发形成新格局，推动东北振兴取得新突破，促进中部地区加快崛起，鼓励东部地区加快推进现代化""推进京津冀协同发展、长江经济带发展、粤港澳大湾区建设、长三角一体化发展，打造创新平台和新增长极""优化行政区划设置，发挥中心城市和城市群带动作用，建设现代化都市圈。推进成渝地区双城经济圈建设"等。《2024年政府工作报告》再次强调了区域协调发展战略。由此可以发现，我国区域发展战略经历了从宏观到中观到微观，从"东、中、西三大区域"到"东部率先发展、西部大开发、东北地区振兴、中部地区崛起"的"四大板块"再到现今的"京津冀协同发展、粤港澳大湾区建设、长三角一体化发展、长江经济带共抓大保护、黄河流域生态保护和高质量发展、成渝地区双城经济圈建设"多中心经济带以及中心城市和城市群建设的区域协调发展战略转变，标志着我国在开启全面建设社会主义现代化国家新征程的同时，区域发展也迈上了新的台阶。

当前，我国的区域发展格局总体呈现东部地区发展优于中西部地区，城市发展优于农村的特征。按照中国人口密度划分线，即"胡焕庸线"，96%的人口集中分布在36%的东南部国土上，人口的分布呈现东南密集、西北稀疏的状态。正如《世界发展报告：重塑经济地理》所说，"世界并不是平的，人口和经济活动集聚在世界的少数区域"。国家第七次人口普查数据也表明，流动人口倾向于流向京津冀、长三角、珠三角等都市圈，并且流入强度呈现"强者恒强、强者更强"的特征（王桂新等，2012）。2020年第七次人口普查数据，全国流动人口达到3.76亿，比2010年增长69.73%。近年来，流动人口选择流入的城市主要集中在上海、广州、深圳、北京等地，其中上海、广州常住流动人口在900万以上，苏州、天津、杭州、成都、宁波、佛山、东莞等新一线城市流动人口也超过300万（见图1-1）。大量人口的流入为这些地区提供了充足的人力资本。人力资本一直以来被视为实现长期经济增长的动力源泉，其在中国四十余年的经济转型发展中发挥着举足轻重的作用。人力资本的空间分布与产业结构转型升级密切相关，也是区域创新的重要驱动力，尤其在第四次科技革命到来之际。人力资本作为重要的生产要素，被证明是缩小地区差异、促进区域协调发展的重要因素。亚当·斯密的分工理论提出扩大市场规模能够促进分工深化，从而提升劳动者的专业化技能，提高生产效率。规模经济理论认为稠密的劳动力市场（thick labor market）可以提高劳动力和企业之间的匹配度，降低工作搜寻成本，提供更多的就业机会。对于个人来说，集聚有利于降低成本和增加收益。因此，劳动力更倾向于向大城市集聚。

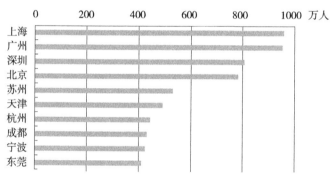

图 1-1 常住流动人口数量

当前，我国的人力资本空间分布基本上与地区经济发展水平相耦合。不同区域间人力资本的集聚程度有所不同。集聚能够将人力资本的外部性放大，从而扩大人力资本的溢出效应，这种溢出效应不仅发生在地区内部，在地区之间也存在。本节使用历年《中国人口与就业统计年鉴》数据计算 31 个省份的劳动人口的平均受教育年限[①]。图 1-2 是 2010 年和 2020 年各省份就业人员的平均受教育年限，从图中可以看出在十年的时间里，我国人力资本的空间分布在东、中、西部地区之间存在较大的差异，各省份平均受教育年限在空间上的变化也比较明显，集聚程度更甚以往。高值区也在向东部沿海地区转移，北上广地区和江浙一带成为平均受教育年限的高值极点。

---

① 平均受教育年限法：$H = E_i \cdot p$。其中，E_i 表示劳动人口的受教育年限，即小学 6 年，初中 9 年，高中 12 年，大专及以上 16 年，p 表示每阶段教育年限的劳动人口数占总劳动人数的比重。

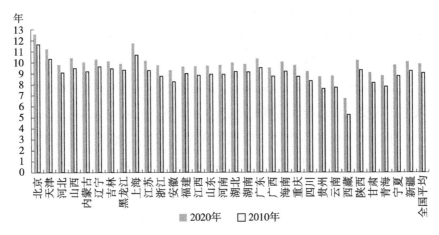

图 1-2 2010 年和 2020 年各省份就业人员平均受教育年限

从上述对人力资本空间分布格局的直观展示可以看出，北京、上海、广东等地区始终是人力资本空间集聚程度较高的地区，是人力资本的"增长极"，随着时间的推移，这种集聚开始从点到面的扩散，在江浙一带尤其明显，邻近上海的江苏和浙江两省人力资本集聚程度变化明显。

纵观历史发展进程，影响我国人力资本空间集聚的原因至少有以下两个。一是高等教育扩招效应，1999 年首批高校扩招大学生毕业时间基本在 2003 年前后，这一时期毕业生人数增长率超过 40%，达到毕业生增长的高峰期，之后扩招幅度逐渐降低，毕业生的增长率也随之下降，直到 2009 年后趋于稳定增长（见图 1-3）。如此大规模的扩招，使具有大专及以上学历的劳动力供给骤然上升，这给劳动力市场带来了较大冲击，高学历的劳动力更偏好于留在就读高校的城市或者流入经济发展水平较高的城市。而我国高等教育资源在地区间的分布差异较大，城市间经济发展水平差距也较大，从而导致大专及以上受教育程度就业人口的集聚出现极化，2010 年后高校扩招才趋于稳定。二是受 2008 年金融危机的冲击，东部地区就业压力增大，中西部地区劳动力开始回流，从而在一定程度上缓解了人力资本集聚的极化（孙海波，2018）。除此之外，随着新一线城市的发展，以及近年来国家人才战略和区域协调发展战略的实施，高水平的人力资本向北上广等特大城市的流入开始减少。这可能会使高水平人力资本在少数城市集聚的极化现象得到一定程度的缓解。

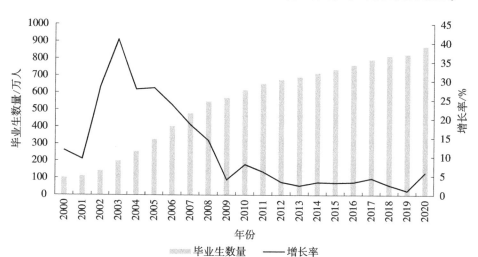

图 1-3　2000—2020 年高校毕业生人数及增长率

　　直观来看，人力资本空间集聚的原因首先是积累，其次是流入。即一个地区人力资本的集聚既可能来自本地区对人才的培养，也可能来自其他地区人力资本的流入（Gonul & Erkut，2019）。人力资本的原始积累水平越高越有利于后期的人力资本集聚（Moretti，2004；Berry & Glaeser，2005）。人才培养是一个地区人力资本集聚的重要途径之一。在人力资本积累与集聚之间存在互相促进的循环累积效应，如果人力资本积累的水平越高，那么该地区人力资本集聚的水平往往就会较高，同样集聚也是积累的一种有效途径（夏怡然，2020）。流入则是从人力资本的外部性和规模经济的角度来说，人力资本水平较高的群体流动性也更强，更倾向于流入教育回报率高的地区（Xing，2016）。而人力资本水平更高的城市往往有着较高的经济发展水平、较多的就业和培训机会，教育和医疗等基本公共服务也更完善，文化多样性更强，因此会吸引更多的外来人力资本的流入（Glaeser，1999；Duranton & Puga，2001；Florida，2005；夏怡然、陆铭，2019）。

　　人力资本在空间上的集聚并非中国独有，在全世界范围内，经济发展水平较高的国家人口空间集聚程度也较高（Moretti，2004；Diamond，2016）。

这种集聚导致劳动技能结构的分化，在美国集聚程度越高的地区不仅高技能劳动力比例较高，低技能劳动力占比也较高，形成了高低技能互补的局面（Eeckhout et al.，2014）。研究也表明高技能劳动者比例的增加能够对低技能劳动者产生正向的溢出效应（Moretti，2004），在劳动力市场中，大学毕业生的供给增加一个百分点，高中辍学生的工资将增加 1.9%，高中毕业生的工资将增加 1.6%，大学毕业生的工资将增加 0.4%。夏怡然等（2020）认为，均衡的人力资本空间分布，一个很重要的表现就是在城市内部不同技能水平的人力资本结构实现优化，其利用我国 2005 年的人口普查数据分析发现，与美国不同，高技能劳动力集聚的城市并没有更高比例的低技能劳动力，即城市人力资本分布并未实现高低技能互补。原因可能是低水平人力资本流动受到户籍等制度因素的制约（梁文泉、陆铭，2015）。人力资本的空间集聚不仅对就业有重要影响，还对城市经济增长、劳动生产率、产业集聚以及创新产出等产生重要影响（Simon & Nardinelli，2002；Rauch，1993；曹威麟等，2015；王莹莹，2018；Berry & Glaeser，2005）。创新是经济发展的重要驱动力，尤其是高水平人力资本流入对地区创新有直接的影响（Bahar et al.，2020；Petra et al.，2014），但外来人力资本流入的影响不是单纯的正向溢出，也可能会削弱本地的创新效应（陈俊杰等，2020）。人力资本向少数地区集聚是不可逆转的发展趋势，因此站在"空间"的角度，我国要建设人力资本大国、跨越中等收入陷阱势必要竭尽全力提升落后地区人力资本水平，同时也要充分发挥人力资本集聚的正外部性，促进人力资本的合理流动，给予人力资本投资最大化的回报。

以上分析展示了我国人力资本分布在空间上的集聚和依赖性，一个地区的人力资本集聚水平往往会受到周围地区的影响，尤其那些处于高值极点周围的地区，同时这也证实了空间溢出效应的存在。随着 2018 年《中共中央 国务院关于建立更加有效的区域协调发展新机制的意见》的出台，我国的区域协调发展战略开始向更加微观的层面倾斜，北上广、深港澳等少数发达城市将扮演引航员的角色，充分发挥自身的引领和带动作用，促进周围板块融合发展。由此能够看出，我国的区域发展战略已经从曾经的各管"一亩地"到共下

"一盘棋"（张可云、何大梽，2021）。而如果发挥重点城市群的溢出效应，带动周边地区发展，就要增强地区间人力资本要素的自由流动，破除户籍制度等阻碍，深化要素市场配置改革。受到新冠疫情的冲击，很多地区出现了企业裁员、"复工容易复产难"的现象。大量工人工作地集中，但户籍地分散，意外的地理隔离和户籍等制度因素导致人力资本空间集聚在动态的流动中受到阻碍，这不利于发挥14亿人口所形成的超大规模内需市场的作用。

基于此，本书探讨的核心问题包括从供给的角度，分析人力资本空间集聚的原因，人力资本的空间集聚对城市不同技能水平劳动力就业和城市创新产出的影响。具体问题如下：

第一，在更小的空间单元（市级）基础上，我国人力资本空间集聚的状况经历了怎样的演变以及呈现怎样的特征？

第二，从人力资本供给的角度，探究城市人力资本空间集聚的原因，即一个地区的人才培养对后期人力资本集聚是否存在累积循环效应？这种效应在短期和长期的表现如何？高校扩招政策的实施是否加剧了城市人力资本集聚的程度？

第三，从人力资本外部性和空间溢出的角度，探究人力资本在空间上的集聚是否导致城市劳动技能结构出现分化？城市高技能人口与低技能人口的就业是否存在互补关系？在空间层面，人力资本空间集聚对不同技能水平劳动者就业有何影响？

第四，城市人力资本的空间集聚对地区创新发展会产生什么影响？是否出现了"拥挤效应"？人力资本集聚对创新产出的空间溢出效应又有多大？

二、研究意义

我国的人力资本空间分布的集聚趋势明显，各地区之间人力资本分布的空间依赖性不断增强。我国拥有受过高等教育或拥有各类专业技能的人才1.7亿多人，还有中等收入群体4亿多人，这些都是宝贵的人力资本。人力资本在空间上的集聚，一方面，使部分地区在短期内实现跨越式发展；另一方面，抑制了人才流失地区的发展。人力资本积累是地区发展的动力。从区域发展的角度，人力资本的差异是地区发展差距的重要解释因素。本书通过分析近年来我国人力资本的空间分布状况，探究城市人力资本集聚的原因，以及人力资本集聚对城市劳动技能结构分化和创新发展产生的影响，为我国缩小地区差距，实现区域协同发展、推动实现高质量发展提供了来自人力资本空间集聚方面的证据和支持。这对构建以国内大循环为主体、国内国际双循环相互促进的新发展格局和推进区域协调发展战略以及就业优先政策具有较强的现实意义。

在学术研究方面，本研究从空间的角度出发，丰富了人力资本领域的研究。罗默（Romer）和卢卡斯（Lucas）的内生增长理论指出影响经济增长的要素中，人力资本处于至关重要的位置。但其前提是默认人力资本的空间分布是无差异的、均匀的，实际上，人力资本的分布是不均衡的。如同人口的分布一样，起初，农人依耕地而居，牧民逐水草而栖，自然资源丰富的地区无疑是人口的密集区。随着交通的改善，通信技术的进步，市场的形成和发展，影响人口分布的因素由自然资源逐渐转向经济因素。同样，人力资本也会受到经济发展和社会环境的影响，随时间的变迁，在地理空间上经历一定的演变过程，而呈现不均衡的分布状态。本研究立足于空间视角，从城市层面探讨影响人力资本空间集聚的原因以及对城市劳动技能结构分化和创新产生的影响，进一步丰富了人力资本领域的研究内容。

第二节　研究思路与研究框架

本书旨在通过描述我国人力资本在不同时期的空间分布状况，分析人力资本的空间集聚及其演变趋势。在考虑空间相关性的基础上，从供给的角度，分析人力资本空间集聚的原因。继而探究人力资本空间集聚的影响，主要分为两个部分：一是对不同技能水平劳动者就业产生的空间效应；二是人力资本空间集聚对城市创新产生的影响。以期为我国区域协调发展战略和就业优

先政策以及推动国内大循环为主体、国内国际双循环相互促进的新发展格局
提供来自人力资本空间集聚方面的参考。具体研究思路如图 1-4 所示。

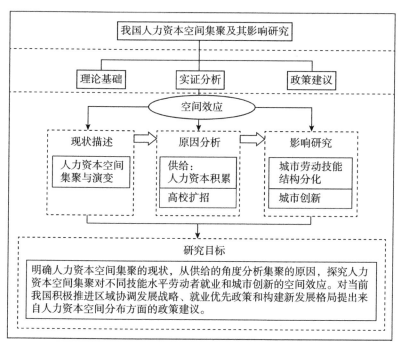

图 1-4　技术路线

第三节　研究方法与数据来源

一、研究方法

为保证研究结果的可靠性与准确性，本书使用以下三个方法，力求进行
多角度、多维度的分析。

1. 实证研究法

本研究主要采用实证研究的方法，系统收集整理了各地区数据，从而分析人力资本空间集聚的格局、原因以及对不同层次劳动者就业和创新的空间效应。研究不仅利用计量经济学中的主流方法，如 OLS 回归、2SLS 回归，还选择空间计量的研究方法（莫兰指数检验、Getis 空间过滤模型及空间杜宾模型）进行综合分析，以期能够得出更为稳健的结论。

2. 文献综合分析法

本研究在开展前期主要采用的是文献研究法。通过查阅大量的文献资料，发现在第四次科技革命到来之际，城市间的联系更加紧密，空间依赖性更强，人力资本的空间集聚不仅受本地经济行为的影响，还与邻近地区的经济行为息息相关。但从空间效应视角分析人力资本空间集聚的研究相对较少，因此，本研究将空间效应确定为研究重点。与此同时，也正是建立在对已有文献的综合分析基础上，构建出本书的研究模型。

3. 比较分析法

本书研究的是人力资本空间集聚方面的地区差异问题，因此对不同区域划分下的异质性进行比较会占较大篇幅，比较分析法的应用贯穿全文。此外，重点比较不同区域受到高校扩招政策的差异化影响，以及从时间维度上对人力资本空间集聚进行纵向比较。

二、数据来源

本研究以我国市级行政单位为研究对象（不包含香港、澳门和台湾地区），人力资本数据来自 2000 年和 2010 年的全国人口普查数据以及 2005 年和 2015 年的全国 1% 人口抽样调查数据样本数据，其他城市层面变量均来自《中国城市统计年鉴》、《中国区域统计年鉴》和《中国人口与就业统计年鉴》，创新数据主要是企业层面的专利数据，来自国家知识产权局。高等教育数据来自教育部官方网站的《中国教育统计年鉴》。部分指标数据缺失等问题会在具体章节进行详细阐释。

第四节 研究内容与结构安排

依照以上研究思路,本书的研究内容如下:

第一章是导论部分。提出本研究的选题背景和研究意义,详细阐释了研究思路、方法和研究内容、数据来源以及创新点。

第二章是理论基础与文献综述。主要阐释本研究的核心概念,介绍相关理论,并系统梳理已有的文献研究。从人力资本空间集聚现状、人力资本空间集聚原因、人力资本空间集聚的影响三个主要方面对国内外现有研究文献进行梳理和评述。

第三章描述我国人力资本空间分布格局。选择受教育程度作为人力资本的衡量指标,以地市级行政单位为空间单元,建立和选择人力资本空间集聚测度指标,从绝对占比和相对集聚两个方面,根据测度指标按照从宏观到微观,从全国到四大板块再到经济带的逻辑对我国人力资本的空间集聚及演变状况进行描述和分析。

第四章探究人力资本积累、高校扩招对人力资本空间集聚的影响。从供给的角度分析人力资本空间集聚演变的原因,选择城市在校大学生人数占比作为解释变量。此外,还将高校扩招政策纳入进来,探讨人力资本积累和高校扩招对城市人力资本空间集聚的短期和长期影响。具体分为两个方面:一是人才供给对于城市未来高水平人力资本积累的影响,二是高校扩招对城市人力资本集聚的短期和长期影响。

第五章探讨人力资本集聚对城市劳动技能结构分化的影响。讨论的内容主要有两个方面:一是在城市内部高技能与中低技能劳动年龄人口在就业量上是否存在互补关系,即高技能劳动者集聚是否能够增加中低技能劳动者的就业;二是城市间的空间溢出效应。一个地区的人力资本水平与周围地区是否存在空间相关性,即人力资本在地区之间是否存在空间外溢效应,一个地区高技能人口的就业是否会影响周围地区中低技能人口的就业。参照空间计量的方法，利用莫兰指数识别空间相关性，通过 Getis 空间过滤模型，将集聚效应与溢出效应分离，探究人力资本的空间集聚对城市不同技能水平劳动者就业的影响。

第六章是人力资本集聚、空间溢出对城市创新的影响。首先，描述了我国的创新产出在空间上的分布。其次，分析了城市创新产出与人力资本空间分布的关系。再次，探究了人力资本集聚对城市创新产出的影响，为了解决内生性问题，构建了高校扩招的工具变量。最后，通过 Getis 空间过滤模型分离人力资本空间集聚产生的空间效应。以此探究人力资本的空间溢出效应对邻近地区创新产出的影响。

第七章是结论与政策建议。这部分主要总结了本研究的主要结论，在此基础上提出相应的政策建议，同时对未来研究方向作进一步思考。

第五节　研究特色

本书研究人力资本的空间集聚问题，属于教育经济学、劳动经济学、区域发展经济学和新地理经济学的多学科交叉，运用劳动力市场理论、区域发展经济学理论和计量经济学分析方法来研究人力资本，从空间的视角看待人力资本及其产生的影响，丰富了人力资本空间集聚的相关研究。与已有研究相比，最重要的创新之处在于对空间效应的考虑。主要的创新点表现在以下三个方面：

第一，研究高校扩招对人力资本空间集聚的短期和长期影响。当前的研究多从需求和人力资本存量的角度探讨人力资本集聚的原因，但对于我国来说，高校扩招政策使人力资本实现了跨越式发展，影响深远，因此需要从供给的角度来探究高校扩招对人力资本空间集聚的短期和长期影响。

第二，从空间溢出效应出发，人力资本集聚对城市技能结构分化的影响。

已有研究证明了人力资本存量对后期城市人力资本积累的重要影响。本研究从就业的角度，将就业人群进行技能水平的划分，探究高水平人力资本集聚的空间溢出效应对高低技能水平劳动者就业机会的影响，这为当前多中心城市群建设对促进就业的作用提供了有益参考。

第三，研究人力资本的空间溢出效应对城市创新产出的影响。在人力资本集聚、空间溢出对城市创新的影响方面，利用高校扩招构建工具变量解决内生性问题，并通过 Getis 空间过滤模型将人力资本空间集聚效应与溢出效应分离，以更加全面地分析人力资本集聚对城市创新产出的作用。

第二章

理论基础与文献综述

本章首先介绍核心概念及测量指标。其次综述相关的理论，介绍人力资本理论、集聚理论和内生增长理论、发展经济学的"发展极"理论以及新经济地理学的"中心—外围理论"的主要观点。最后以人力资本空间集聚为核心，分别从人力资本空间集聚、人力资本空间集聚的原因和人力资本空间集聚的影响三个方面对国内外现有研究文献进行梳理和评述。

第一节 概念界定与测量指标

一、概念界定

（一）人力资本

早在威廉·配第和亚当·斯密等所创造的劳动价值论中就已经孕育着"人力资本思想"，西奥多·舒尔茨和加里·贝克尔是人力资本理论的代表性人物。20世纪50年代，舒尔茨提出人力资本理论，并认为人力资本对生产率的贡献超过了物质资本。人力资本表现为人内在的生产能力，包括人的知识、技能、经验、熟练程度和健康等。这种内在的生产能力是通过投资教育、培训以及健康等获得的，是劳动者质量的反映。熊彼特认为，教育能够提高人力资本，受过教育的雇员在理解力、创造性等方面往往要比那些没有接受教育的雇员更强（Nelson & Phelps，1966）。随着人们对人力资本认知的不断发展，贝克尔认为人力资本还包括时间、健康和寿命（贝克尔，1987）。其后，人力资本内涵不断延展，如个人通过接受教育、参加工作与培训等所获得的知识、技能或能力的集合，这些知识、技能或能力既增加了个人在市场上的价值，又包含员工自身的身体素质和心理素质等，是一种综合素质的表现（Autor & Handel，2013）。我国的学者赖德胜（2011）认为，人力资本是"发展、控制和配置个人能力的一种才能"，不同于物质资本，人具有自我控制和管理能力。经过对人力资本的不断探索，目前较为认可的人力资本的定义是指通过对教育、培训等进行有意识的投资后获得的、能够带来经济回报的各种知识和能力素质的总和。

（二）空间集聚

集聚的概念最早见于 17 世纪英国经济学家威廉·配第（William Petty），其代表性著作《政治算数》提出制造业、农业和商业之间的收入差异会造成劳动力向更高收入的部门转移，这一论断即"配第定理"，后来英国经济学家、统计学家科林·克拉克（Colin Clark）在著作《经济进步的条件》中论证了这一观点，并指出随着经济发展，劳动力会由第一产业向第二产业进而第三产业转移，后人称之为"配第—克拉克定理"。早期关于集聚的研究主要是产业集聚，著名经济学家迈克尔·E. 波特（Michael E. Porter）提出产业集聚（Industrial Cluster）是联系密切的企业以及相关支撑机构在空间上的集聚，从而形成强劲且具有持续竞争优势的区域现象（Porter，1998）。韦伯（Weber）认为，集聚是生产在特定地区产生的市场化。一般来说，集聚（Agglomeration）指经济活动的集中，具体表现为经济活动的某个部分在空间内如何分布。关于人力资本（或劳动力）的空间集聚则有较多角度的定义，但基本含义是人力资本通过流动向某一特定区域集中，形成相互联系的系统，从而产生规模效应。

二、测量指标

(一) 人力资本

人力资本的测量方法各异。一是成本法，即人力资本存量等于初始的存量加上总投资减去折旧。二是收入法，即人力资本存量等于个体在其整个生命周期中收入流的净现值，比较常见的是 J-F 终生收入法（Jorgenson，1992）。终生收入法是以个人预期生命期的终生收入的现值来衡量人力资本水平。假定人力资本可以在市场交易，价格以未来终生收入的现值来衡量，以反映教育、健康等长期投资对人力资本积累的作用。三是特征法，以人力资本的某项特征，如受教育程度、工作经验等来构造人力资本指数（Laroche，2000）。四是世界银行使用的余额法（Hamilton，2006）。用未来消费流的净现值作为总财富，去除生产性资本和自然资本，剩下的无形资本中就包含了人力资本和社会资本等。现有文献多采用特征法，如受教育年限、中小学入学率、平均受教育年限、文盲率、识字率、健康水平以及个人能力等衡量人力资本（李海峥等，2014；李萌等，2007；陈钊等，2004；姚先国等，2008）。就我国来说，对人力资本测量的研究多是从更为宏观的国家视角，李海峥等（2010）通过 J-F 终生收入法构建多种人力资本指数，发现我国的人均人力资本要比美国和加拿大低，并预测到 2020 年人力资本总量和人均人力资本增长会放缓。张帆（2000）从成本法的角度以人力资本投资减去折旧来衡量人力资本存量。部分分析了省（市）级人力资本的文献中，朱平芳等（2007）使用 1990—2003 年的数据，估计我国的城市人力资本并提出了"单位人力资本"的概念。

基于文献和数据的可得性，本研究选择特征法来衡量人力资本，具体以 16~60 岁年龄段受教育程度为大专及以上学历的非在学人口表征人力资本。

(二) 空间集聚

对于人口空间集聚的测量维度主要包括两个方面：一是从城乡来看，一般用城镇化来表征；二是城市间的人口集聚（夏怡然等，2020）。具体来看，衡量城市间人力资本集聚的指标比较丰富。大量研究以存量和密度为主，包括地区的人力资本水平、人力资本结构密度。还有一些研究是利用指数刻画集聚，包括区位熵指数、孤立指数、差异指数等（Berry & Glaeser，2005；Fu et al.，2012；郑玉，2017）。其中，密度指标和区位熵指数在研究中应用最为广泛。例如，Ciccone 首次提出用人口密度来衡量集聚，探究人口集聚与劳动生产率和经济增长的关系（Ciccone，1996；Ciccone，2002）。Ciccone & Papaioannou（2009）以各产业本科及以上学历从业人员占比来表征产业的人力资本集聚。Abel & Gabe（2011）使用 R&D 人员的比例表示科技人才的集聚程度。Winters（2011）使用一个地区迁移人口的比例来表征人力资本的集聚。孙健等（2008）采用地区专业技术人才占全国的比例来衡量人才的集聚程度，分析人才集聚与产业集聚之间的互动关系。张海峰（2016）使用单位面积上的专业技术人员数量、大学生数量、技能工人数量作为人力资本空间集聚的衡量指标。陈乐等（2018）使用人口密度衡量集聚，研究人口集聚对城市经济增长的影响。区位熵指数是产业集聚的重要衡量指标，衡量的是一种相对意义上的集聚，即一个地区的集聚水平在全国的位次。陈得文和苗建军（2012）、陈朝阳等（2019）均使用区位熵指数测算人力资本集聚程度。邓翔等（2019）和王静文等（2019）也通过区位熵指数表征人力资本集聚程度，发现人力资本集聚与经济增长之间存在倒 U 形关系。遵照前人文献，本研究将主要使用人力资本的人口结构密度指标和区位熵指数两种衡量指标，但同时会穿插使用其他测量指数来辅助测量，具体指标会在后文进行详细阐释。

第二节　理论基础

一、人力资本理论

人力资本的思想由来已久。1776 年，亚当·斯密在其著名论著《国富论》中指出人的努力是所有财富的基础。工人的劳动熟练程度制约劳动生产率，个人通过后天的学习和实践所获得的工作能力可以内化为人本身的资本，这种资本不仅能给个人带来收益，也能够促进社会财富的增加。1848 年，约翰·斯图亚特·穆勒提出人的能力能够创造财富。学校教育和培训、家庭抚育和医疗是人力资本投资的重要方式，而个体学习新技能存在机会不平等，因而个体进行人力资本投资后，还能够获得额外的回报。19 世纪末，英国著名经济学家马歇尔认为对人进行投资获得价值，远远比其他领域更高。知识是最有力的生产力，对于国家和社会来说知识财富比物质财富更重要。早期的人力资本思想为后人研究人力资本理论奠定了基础。直到 20 世纪初，美国经济学家欧文·费雪，首次提出人力资本的概念，认为劳动力也属于资本的范畴，并将健康引入人力资本。第二次世界大战以后，各国经济增长迅速，但投入要素的增长速度远低于经济增长的速度，出现了新古典经济增长理论无法解释的"增长剩余"。1960年，经济学家舒尔茨在美国经济学会年会上对"增长剩余"进行阐释，认为人的知识、能力等人力资本能够解释土地及物质资本增长等因素无法说明的产出大幅增长。第一次系统提出了人力资本理论，这也是舒尔茨最重要的贡献。舒尔茨认为，劳动者通过教育等方式获得的知识和能力能够产生经济效益，因此也是一种资本，指出"教育是一种对人的投资，教育带来的成果当视为一种资本，教育已经成为受教育者一部分，所以将其称为'人力资本'"。这是人力资本理论诞生的标志。随后，舒尔茨又在一系列的研究著作如《通过教育形成的资本》（1960）、《人力资本投资》（1961）、《教育与经济增长》与《有关人力资本投资的思考》（1962）中进一步阐释了人力资本理论。

如果舒尔茨是从宏观的角度来阐释人力资本理论的，那么贝克尔就是以微观的视角讨论人力资本的作用。贝克尔在其著作《人力资本》中，基于微观层面用成本—收益的方法对人力资本的作用进行分析，并利用经济学中计算物质资本的投资收益率的方法计算了教育收益率，这为人力资本理论的方法论作出了重要贡献。著名经济学家明瑟关注的是人力资本对于个人收入分配的作用，用受教育年限解释工资收入的差异，明瑟的研究显示 1959 年个人工资收入差异的三分之一可以用受教育年限和工作经验的差异来解释。明瑟工资方程对人力资本理论、劳动经济学和收入分配理论的研究产生了极其重要的影响，为后人广泛应用。

二、集聚理论和内生增长理论

集聚最初多用于描述产业集聚，威廉·配第提出制造业在某一特定区域集聚能够节省交通、运输费用，这就是专业化的好处。产业集聚是经济活动集聚中最先被关注的主题。产业集聚一般是指具有共性或者互补性的企业或组织在地理上的集中，形成产业群。马歇尔在《经济学原理》一书中对产业集聚的原因作出了阐释，外部经济是最主要的原因。这种外部经济则主要表现在三个方面：降低成本、劳动蓄水池效应和技术外溢。首先，产业集聚扩大了市场范围，这有利于促进专业化分工的形成，而专业化分工能够使企业做自己最擅长的领域，提高生产效率，企业间对专业设备等生产要素的共享，有效地减少了自己对中间品的投入，从而降低了生产成本；而且，集聚能够增加交流与合作，节约契约成本，降低交易费用。其次，产业集聚势必产生劳动力需求，吸引人才集聚，从而既为企业也为劳动者节约搜寻成本，提高劳动力市场的匹配效率，有利于促进企业生产率的提高，而生产率的提高则又会产生新的市场需求，循环往复，实现良性发展。最后，技术外溢。知识和技术通过近距离的学习、模仿和传播，更能够产生外溢效应。这会促进新知识的推广和新技术的应用，从而增强地区整体的创新能力和竞争力。这种溢出表现在行业内部则被称为"马歇尔外部性"（Marshallian Externalities），而在不同行业间也会产生溢出效应，即"雅各布斯外部性"（Jacobs Externalities）。受制于"空间不可能"的禁锢，空间因素往往被主流经济学所排斥，20世纪90年代，以保罗·克鲁格曼（Paul Krugman）为代表的西方经济学家开创了"新经济地理学"来分析经济活动的空间集聚与全球化等经济现象。

内生增长理论（the Theory of Endogenous Growth）发展于20世纪80年代，以罗默（Paul M. Romer）、卢卡斯（Robert E. Lucas）和巴罗（Robert J. Barro）为代表，在新古典增长理论基础上进行修正，将知识积累和技术进步作为内生变量纳入模型，提出了新的经济增长机制，即内生增长理论。内生增长理论的主要观点包括规模收益递增、溢出效应和人力资本与技术进步的内生性。知识和人力资本本身就能够带来收益，还可以通过高效合理地配置物质资本等生产要素产生外溢，从而促进收益递增（Romer，1986）。溢出效应是内生增长理论能够解释集聚、创新和经济增长的重要机制。人力资本和技术进步均是内生的。1962年，阿罗发表《干中学的经济含义》，认为人们在生产中总结的经验对技术进步产生了正向的外部作用，能够促进生产率的提高，即"干中学"理论。内生增长理论为后期人力资本理论的延伸奠定了基础。卢卡斯建立的人力资本溢出增长模型提出人力资本的形成和积累是技术进步促进经济增长的机制。另外，新经济地理学也通过对内生增长理论进行扩展，提出了强调知识溢出和空间集聚的相互作用以及对经济增长产生重要影响的观点（Varga & Schalk，2004）。

三、发展极理论

第二次世界大战后，针对发展中国家的研究逐渐形成了一门新的学科——发展经济学。发展中国家的经济发展水平相对较低，且地区发展存在不平衡。法国经济学家佩鲁（F. Perroux）提出的"发展极"理论指出，在经济增长中由于某些部门或有创新能力的企业行业在一些地区或大城市集聚，形成一种资本集中、技术集中的"发展极"，这些"发展极"具有规模经济效应，不仅使自身得以迅速增长，还能对邻近地区产生辐射带动作用。佩鲁认为，一个国家的经济是由各种经济空间构成的，通过向心力和离心力形成了各种经济中心，这些中心能够产生吸引力和扩散力，形成特定的作用范围，既促进自身的发展也推动其他地区的发展。具体主要表现在以下三个方面：

第一，"发展极"能够促进技术的创新效应和溢出效应。"发展极"得以形成的条件不仅需要具有创新能力的企业和组织群体，也要具有规模经济效益，还要有适宜的经济发展环境。这时，创新能力强的地区和企业会不断进行技术革新，并向其他地区和企业推广新技术，对其他地区产生技术外溢效应，又从其他地区引进新技术和人才。

第二，"发展极"能够集聚和输出资本。"发展极"本身就具有大量的资本和较强的生产能力，这既使其能够向其他地区输出资本，促进其他地区的增长，也能够从其他地区吸引更多的资本，形成资本集聚，从而扩大投资。

第三，产生规模经济效益和空间外溢效应。"发展极"通常是行业、企业集聚，生产规模相对较大，产生规模经济效益。同时，因为基础设施完善，人才交流便利，更容易产生外部经济。"发展极"能够促进人口、资本、技术等要素集聚，形成经济区域。这些经济区域形成了增长中心，不仅对本地更对邻近地区产生空间上的影响。

"发展极"将不平衡增长思想、熊彼特的创新学说相结合，转化为经济空间的概念。其政策含义也十分清晰，发展中国家要实现工业化和现代化的经济发展，应当建立"发展极"，通过"发展极"来带动整个经济的发展（谭崇台，2008）。"发展极"理论的提出引起了很多学者的重视，并在此基础上提出了"增长极"的概念，其更加强调自身增长，认为外部经济的作用能够促进自身成为增长点。

在"发展极"理论的基础上，结构主义发展经济学家缪尔达尔提出了二元经济结构理论，认为在发展中国家既有发达地区也有不发达地区，这种二元结构产生的原因在于各个地区经济发展水平的差异，发达地区经济发展水平较高，物质资本和人力资本的集聚规模较大，速度较快，更需要的是技术技能人才，并不是一般的劳动力；而不发达地区，往往只有那些受过教育的和拥有熟练技能的工人才能支付得起迁移成本，流向发达地区。如此，发达地区则会更有优势，而不发达地区则会愈发落后，从而导致地区间的发展差距越来越大。这就是缪尔达尔提出的"回波效应"（backwash effect）。但是，地区间发展差距的扩大也并不是无限制的，当发达地区发展水平达到门槛水平以后，集聚所带来的拥挤效应就会产生。此时，生产成本就会上升，人力资本和技术等则会开始向外迁移和扩散，从而产生扩散效应，这对于落后地区来说是有益的。

四、"中心—外围"理论

以克鲁格曼（Krugman）为代表的新经济地理学家将空间距离因素纳入经济研究中，建立了中心—外围模型，标志着新经济地理学的建立。该模型假设产品市场是垄断竞争的，且存在规模收益递增，并且引入了萨缪尔森的"冰山运输成本"概念，在人口自由流动和运输成本的相互作用下，原本一样的两个地区会因为向心力作用形成中心—外围的关系。厂商的集聚是因为外部经济的存在，价格机制降低了生产成本，技术外溢则直接影响厂商的生产过程（钱学锋、梁琦，2007）。因而，外部性通过给厂商带来诸多效益成为集聚的动力。克鲁格曼认为，生产要素向某一区域的流动形成集聚，使得该区域成为中心区。这种集聚源自两种效应，"本地市场效应"和"价格指数效应"。"本地市场效应"是指市场潜能较大的区域通常具有较大的市场规模，因而吸引了更多的厂商，从而创造更多的就业机会，增加市场需求，以吸引大量劳动力流入。"价格指数效应"则是本地市场范围扩大，生产了更丰富的产品和服务，能够满足本地消费者的需求，降低了交易成本。两种效应的相互作用使生产要素供给更加充足，人力资本进一步集中，技术进步和生产效率提高最终导致经济进一步集聚（余运江、高向东，2017）。此过程不断循环累积，逐渐形成了中心—外围模型，而中心城市规模扩张到一定程度后，就会因为厂商竞争加剧、人口拥挤导致"拥挤成本"出现，从而使企业转向外围去生产，这种市场竞争效应就是经济集聚的离心力。在均衡情况下，空间集聚的程度由规模经济、运输成本和拥挤成本决定（Krugman，1995）。

中心外围理论突破了传统规模报酬不变、完全竞争的假设，为企业和人力资本的集聚提供了更符合实际的解释，但依然存在一些问题，如不完全竞争市场对于实证研究中模型参数的确定难度较大，而且对于城市集聚的知识外溢效应论述较少以及忽略了厂商的选址会受到周围地区不断变化的特征的影响。后人在中心—外围理论的基础上，不断进行深化和拓展。21 世纪初，福斯里德（Forslid）和奥塔维亚诺（Ottaviano）建立了自由企业家模型（FE 模型），首次将人力资本概念引入新经济地理理论中。随后，不断发展形成了就业区位匹配模型。该模型中，劳动力分为技能型和非技能型，技能型劳动力与厂商都是自由流动的，存在相互选择和匹配。自我选择模型将劳动力分为普通劳动者和人力资本，并且认为人力资本集聚能够带来技术提升。新经济地理学对人力资本的引入扩展了研究范畴，为后人的研究提供了理论支持和启发。

第三节 文献综述

一、人力资本空间集聚的特征

国外对于人力资本空间集聚大多聚焦于较小的空间单元，如城市内部、社区和通勤区等。Eeckhout 等（2014）利用美国 CPS 人口普查数据，从城市视角发现美国大城市的高、低技能分布均具有厚尾（Fatter Tails）性质，即大城市集聚了较高比例的高技能劳动力和低技能劳动力，而中等技能劳动者占比相对较低。Lee（2019）发现，美国洛杉矶市高技能劳动者和低技能劳动者的居住区隔离，但在工作场所上是高度集聚的，并发现高水平工人的就业密度对低技能劳动者工资有积极的溢出效应。Diamond（2016）发现，美国大学毕业生和高中毕业生在城市地理空间分布上的差异，大学毕业生倾向于集中在高工资、高房价、高租金的地区。

我国人力资本空间集聚的研究主要集中在省级宏观层面和经济区的微观层面，不同区域间、省份间的人力资本存量和结构上有较大差异。首先，在区域和城乡方面，王若宇等（2019）利用冷热点分析法研究我国高校科研人才的分布，发现东部沿海地区属于热点地区，北京、天津、上海和江苏均为高热点地区。燕安和黄武俊（2010）利用 1987—2008 年 30 个省、市、自治区的数据对人力资本集聚情况进行估计，发现沿海地区因为集聚了大量高素质人才，所以人力资本对经济增长率的边际产出弹性要高于内陆地区。逯进和周惠民（2014）发现，我国人力资本在东部地区集聚，而西部地区则是人力资本集聚的萧条区。陈德文、苗建军等（2012）的研究中，人力资本的空间分布在东中西之间呈现梯度下降的态势。李海峥等（2014）利用 J-F 终生收入法对 1985—2010 年间我国人力资本分布进行分析，发现我国人力资本总量大幅度增长，但在城乡分布方面呈现了城乡间差距逐步扩大的趋势。发达省市（广东、上海等）的人力资本要远高于落后省份（贵州、甘肃等）。其次，地区间不同类型人力资本存在结构性差异。陈浩（2007）依据投资类型把人力资本结构划分为基础型、知识型、技能型和制度型四种人力资本。结果发现，在粗放型的经济发展模式下，人力资本很难发挥作用，尤其在内陆地区。高远东、花拥军（2012）运用空间计量模型探究了 1992—2009 年中国27 个省域的人力资本结构，发现内陆地区需要加强技能型人力资本的投资，而且人力资本在省域间存在空间外溢性。赵晓军等（2020）将人力资本结构划分为生存人力资本、健康人力资本、文化人力资本、知识人力资本和创新人力资本五种类型。研究发现，在我国经济发展的不同阶段，对人力资本的要求是不同的，近年来，我国处于工业化进程逐渐深化和产业结构转型阶段，对创新型人力资本的要求显著增加，而且沿海和内陆地区的经济发展差距更有可能是人力资本的结构差异导致的。楠玉（2020）以各级教育的平均年限作为人力资本的衡量指标，发现我国初级、中级教育水平已趋近于饱和水平，但是高等教育程度的劳动力比重与发达国家相比，仍有较大差距，且大量人才集聚在事业单位和垄断部门，科技创新部门人才却比较缺乏。刘晔等（2019）以职业类型划分高低技能人力资本发现，人力资本分布呈现东南密集、西北稀疏的特征。其中，高技能人力资本在空间分布上呈集中化的趋势，而一般水平人力资本呈分散化的趋势且高技能劳动力多集聚于沿海特大城市群。部分研究从经济区的角度出发，研究某一特定区域人力资本的集聚状况。对于京津冀高学历人才集聚的研究显示，京津冀高学历人才分布格局是以北京和天津为中心，集聚度超过 30%，河北省的石家庄、保定等城市成为次中心（童玉芬、刘晖，2018）。刘忠艳等（2020）发现，2010—2018 年长江经济带人才集聚重心逐渐向下游偏移，尤其上海、江苏和浙江等省市人才集聚度最高。在粤港澳大湾区内部则是香港和澳门的人才集聚强于内地的珠三角地区，广州、深圳、珠海等成为人力资本集聚的次高点（齐宏纲等，2020）。

二、人力资本空间集聚的原因

探讨人力资本空间集聚原因的研究角度众多。第一，人力资本存量是人才集聚的重要影响因素。Berry 和 Glaeser（2005）研究城市间人力资本水平的分布差异，20 世纪 90 年代大都市拥有大学学历的成年人的初始比例每增加 1%，10 年后这一比例会增长 0.13%。其中的机制是技能型企业对于技能型人才的需求不断上升，从而吸引最初的技能型人才，而由于房屋供给缺乏弹性等因素，非技能型人才面临生活成本的上升，只好迁移到其他地区，从而使技能型人才的集聚更强。第二，市场规模效应。邻近城市的潜在市场带来了技术溢出、创新和竞争，提高了当地企业未来的生产率，并推动了后续的创新驱动创业。第三，就业机会。一个地区的失业率和就业率是工作机会是否充足的重要指标，工作机会充足的地区往往也是人力资本集聚的地区（Simonen et al.，2016）。基于此，交通基础设施的改善就成为增加就业机会、吸引人才的重要条件（Shi et al.，2020；Chen et al.，2017）。第四，城镇化和其他经济基础吸引了大量高技能工人。研究发现，中国人力资本的增长主要不是由人口增长导致，而是由其他因素所推动，其中，城镇化与受教育程度的提高对人力资本增长具有显著的贡献（Palivos et al.，1996）。此外，地区的经济发展水平、自然环境、产业发展状况、工资收入水平、基础设施、房价、政府政策等均是人力资本空间集聚的重要影响因素（苏丽锋等，2016；刘乃全、耿文才，2015；Haas et al.，2014；Seeborg et al.，2000）。

近年来，随着新地理经济学的不断发展，空间分析的应用日益广泛。大量研究表明，本地的经济行为与邻近地区之间存在空间依赖性，当地的经济现象会受到相邻地区的影响，即存在空间溢出效应。空间溢出效应也作空间外溢，包括技术外溢、知识外溢等，广泛地存在于各种经济行为中。空间溢出效应对区域增长非常重要。Ciccone 和 Hall（1996）发现，在美国，随着就业密度的上升，劳动生产率也会随之提高，并且这种效应随着距离的增加而减弱。Ellison 和 Glaeser（1999）证明了地理位置产生的规模效益、自然资源和运输成本是要素流动的重要原因。Badinger et al.（2002）的研究表明，1985—1999 年欧洲 196 个地区的区域收入与投资和邻近地区的收入与投资有很强的依赖性，这种空间效应同样随距离增加而衰减。一个国家内部各个区域的空间分布并非完全随机，一般来说，经济发达的核心地区周围也比较发达。Benos et al.（2016）研究了 1990—2005 年间 7 个欧盟国家的区域经济增长，发现一个区域的增长率很大程度上受邻近区域经济增长率的影响。高收入的地区在地理上是集聚的，低收入的地区也是如此。

卢卡斯的人力资本溢出模型表明，人们可以通过互相之间的学习与交流获得正向的影响，尤其是那些较高水平和技能的人，外溢效应更能够提高周围人的生产率（Lucas，1990）。人力资本空间集聚最本质的原因是人力资本具有外部性，而且人力资本的外部性会通过集聚而放大。Moretti（2004）发现，大学学历工人占比的增加会对所有工人工资增长带来正向溢出效应，尤其是对未受过教育的工人。Diamond（2016）发现，美国高学历工作者与低学历工作者在工作场所上是集聚的，高学历工作者对邻近工人工资具有正向的溢出效应，而邻近低学历工人的工资具有负向作用，并且这种效应随着距离的增加而衰减，所以如果在高水平人力资本集聚中心附近减少低技能工人的就业机会将加剧城市穷人的福利损失。国内部分学者采用空间计量的方法，探究了我国人力资本或劳动力空间集聚的原因。刘晔等（2019）利用人口普查数据研究发现，北京、上海、广州、深圳以及省会城市高技能劳动力集聚程度较高，不仅如此，周围地区也存在高技能人才集聚，因为这些城市产业类型属于知识密集型，扩散效应带动了周围地区高水平劳动力的集聚。对于我国来说，制度和政策因素也加剧了人才集聚的空间效应，20 世纪 90 年代，北京市对于无本地户籍人员来京就业的限制使邻近地区的天津和河北人才密度上升 50% 左右（姜怀宇等，2005）。

三、人力资本空间集聚的影响

国内外很多文献研究了人力资本的空间集聚对劳动生产率、区域和城市经济增长、产业集聚、创新以及就业的影响。

第一，劳动生产率。根据内生增长理论，研究与开发（R&D）和人力资本是能够提高生产率的最具影响力的力量。人力资本和生产率之间的关系已经为很多研究佐证。Ertur 和 Koch（2007）的研究结果表明，如果研发活动的地点靠近其他技术中心，并且能够直接获得人力资本，那么它们的生产率会更高。Bronzini 和 Piselli（2009）发现，生产率水平与人力资本、研发支出和公共基础设施三种资本之间存在长期均衡关系，其中，人力资本对生产率的影响最大，人力资本每增加 1%，生产率会提高 0.38%。受教育水平是衡量人力资本的重要指标。Benos 和 Karagiannis（2016）利用人口普查数据（1971—2011 年），通过估计希腊地区的生产函数，探究不同教育水平所产生的人力资本效应，结果发现接受过高等教育的人力资本和生产率之间存在很强的正相关关系。而低教育水平的人力资本与生产率未呈现正相关关系，人力资本教育水平的高低是地区劳动生产率差异的重要因素。Ramos 等（2010）得出结论，1980—2007 年高等教育和中等教育均提高了西班牙的劳动生产率，而初级教育则没有影响。Bronzini 和 Piselli（2009）发现，1985—2001 年意大利 19 个地区的员工平均受教育年限与劳动生产率之间存在显著的正向关系。Rauch（1993）估计了人力资本的地域集中对生产率的影响。利用美国大城市调查统计数据（SMSAs）发现平均受教育程度每上升一年有助于提高该地区全要素生产率 2.8% 左右。

第二，区域和城市经济增长。城市就是人力资本集聚、产生外部效应的证据。Simon 和 Nardinelli（2002）发现在 20 世纪，美国那些拥有较高平均人力资本水平的大都市经济增长得更快。一方面，受交通和通信成本的影响，人力资本对城市发展的作用存在于初始存量，像纽约和芝加哥这样的城市有很多技能密集型行业，如会计、广告和法律，这可能相应地产生了巨大的外部性，从而导致这些城市的规模扩大。另一方面，人力资本吸引力越强，区域增长越快（许良，2016）。不同教育水平人力资本对经济增长的影响不同，相对于低教育水平的人力资本来说，高水平人力资本对经济增长具有更显著的正向空间溢出效应（倪超、孟大虎，2017）。高水平的人才在吸收现有理念、创造新理念或适应不断变化的经济环境方面更有优势。这比研发支出作用更为显著（Paci et al.，2014）。城市群一体化使知识溢出和市场整合的地理约束减少，人力资本在区域内的流动更加便利，从而使人力资本的溢出效应在空间上的扩散速度大大加快（Dong et al.，2018；Zheng & Kahn，2013）。

第三，人力资本空间集聚与产业集聚密切相关。Paul Krugman（1991）提出，人力资本会在产业集聚的基础上产生空间集聚，从而影响区域经济发展。大量研究证明人力资本集聚与产业集聚高度相关。产业的集聚扩大了对人才的需求量，从而促进了人才在空间上的集聚，尤其是高技术产业和新兴产业。曹威麟等（2015）用我国省级数据发现人才集聚与产业集聚密切相关，东部地区人才集聚程度和第二、第三产业集聚度均较高，中西部地区则第一产业集聚度更高，人才集聚与产业集聚呈现出马太效应，因而导致地区间发展的不平衡。

第四，人力资本空间集聚与创新。很多研究探讨了人力资本空间集聚对于创新的影响机制。一是节约创新成本。人力资本集聚能够促进人际交流、方便知识技术的传播，显著降低了研发的时间、空间和信息成本。二是知识和思想的交流互动本身就有益于创新。研究显示，人力资本水平较高的地方，能够吸引更多的技术人才，那些拥有较高人力资本水平的企业家更可能雇佣高技能人才，因而创新水平也就越高（Berry & Glaeser，2005）。三是集聚促进竞争，有利于劳动者主动学习，不断提高自身素质，为创新奠定基础。但人力资本集聚对创新也有负效应。劳动力空间集聚产生的拥挤效应并不利于创新。从长远来看，一味地模仿已有创新成果会降低人们自主创新的主观能动性，不利于创新能力的可持续发展。Glaeser 和 Saiz

（2004）研究人力资本积累与集聚对创新的影响发现，高水平劳动者集聚度每提高 10%，则在三十年后以专利数量表示的城市创新产出会增加 9%。Carlino 和 Chatterjee（2007）使用美国城市数据进行研究，发现一个城市的就业密度提高 2 倍，其专利数量将提高 20%。张海峰（2016）用浙江 69 个县级市数据分析发现专业技术人员就业密度的增加有利于区域创新绩效的提高，这种效应达到 1∶5.6%。

第五，人力资本空间集聚与就业。人力资本的空间溢出效应被广泛地证明存在于劳动力市场。Overman 和 Puga（2002）指出，一个地区的失业与邻近地区的相关性要远远大于与同一国家内空间距离较远地区的关系。Kondo（2015）通过空间统计方法指出，日本城市失业率存在显著的空间自相关，而且区域间的相互依赖使那些空间相邻的城市群形成持续的失业集群。Haller 和 Heuermann（2016）使用空间杜宾模型研究了德国的工作匹配过程，发现失业存在很强的空间溢出效应，失业对就业匹配的总影响中有四分之三是因为邻近地区的溢出效应。Badinger 和 Url（2002）发现空间效应占失业率变化的五分之一。Fingleton（2006）发现，人力资本对欧盟地区的增长具有积极的空间溢出效应。受过高等教育的人所占比例越高，就业率越高。不仅如此，一个地区的就业率也会直接受到其他地区就业率变化的影响，这种空间依赖性不仅存在于地区之间，还存在于跨国间的劳动力市场（Shapiro，2006）。在我国的研究中，同样证明了人力资本的空间集聚对就业有显著影响。王莹莹（2018）发现劳动力空间集聚度提高 1%，就业总量将增长 0.8%，而且人力资本的空间集聚对于不同经济发展水平的城市劳动者就业质量影响不同。

但也有文献证明人力资本的空间效应并不存在。Ramos 等（2010）选取 1980—2005 年西班牙的面板数据，研究得出，并不存在足够的证据证实人力资本具备显著的空间溢出效应。侯传璐等（2015）发现，人力资本和经济增长之间的空间关联性并不显著。

四、文献评述和小结

本章对人力资本、空间集聚等核心概念进行了介绍，并阐释了人力资本理论、集聚理论和内生增长理论，以及"发展极理论"和"中心—外围理论"，并对人力资本空间集聚的相关研究进行了梳理。

通过上述对于人力资本空间集聚相关文献的梳理可以发现，当前的研究主要集中在人力资本空间集聚格局、人力资本空间集聚的成因以及产生的影响等方面。从现象描述看，现有对于人力资本空间集聚格局研究的文献在国内外有所差异，国外的研究更偏向于更小的空间单元，如个别城市、社区等，而国内的研究则大多遵从传统的区域划分，集中于三大区域或东、中、西和东北四大板块，或者省级行政区，仅有少量研究聚焦于地市或城市群。这可能是因为数据可获得性的限制。但是我国幅员辽阔，各个省份之间以及省份内部的集聚都有较大差异，因而如果能聚焦更小空间单元则更能够详细地展示出集聚的特征。目前，我国的区域发展战略包括京津冀协同发展、长三角一体化发展、粤港澳大湾区建设、海南全面深化改革、长江经济带发展、黄河流域生态保护和高质量发展等，这使得对于区域的划分有了新的依据，从这些地区划分出发，分析人力资本集聚状况更具现实意义。

对人力资本空间集聚原因分析的文献较多，包含人力资本存量、市场规模、产业结构、就业机会、城镇化等多个方面，这些文献可以被纳入两个框架中：一是宏观层面的供给和需求；二是微观层面的成本和收益。但具体研究的视角大都聚焦于吸引人才方面即"外生型"因素，发达的经济、充足的就业、健全的基础设施和社会保障、良好的工作环境、适宜的文化环境等均成为吸引人才流入的重要因素。仅有少量文献考虑到供给和原始积累，一个地区的人力资本集聚主要源于两种路径：一是人力资本积累或者供给，也就是本地对于人才的培养，对于教育和培训的投入，即内生的人力资本存量。一个地区内生的人力资本存量高，才能创造更好的环境，吸引更多的人才。二是外地人力资本的流入。当一个地区本地人力资本供给不足时，更多的是依靠自身经济发展，提高外来人才的预期收益，吸引人才流入，从而实现人力资本的快速积累。另外，对于原因的探究很少考虑空间效应，近年来才开始兴起这方面的研究。如果不考虑空间效应，一方面，就会因为本地人力资本集聚受到其他地区人力资本集聚水平的影响而出现多重共线性问题；另一方面，也会因为在人力资本集聚效应中包含其他地区的空间溢出效应而低估人力资本空间溢出效应的作用。直到最近几年才有部分文献利用空间计量的方法分析了本地人力资本集聚不仅受到本地人才供给和经济行为的影响，还受到邻近地区的影响，对于集聚产生的影响也同样具有空间相关性。这种基于地缘关系或者经济联系的空间依赖性应该受到重视。

国外对于人力资本集聚的空间效应的研究更为丰富，国内则更加重视研究人力资本空间集聚产生的影响。例如，人力资本外溢效应对于本地经济发展、区域创新与产业升级的影响等。有文献关注到人力资本空间集聚对就业水平和质量产生的集聚和拥挤效应，但很少对人力资本空间相关性进行分析，尤其对不同类型的劳动者的就业效应鲜有关注。我国地域辽阔，现有研究已经证实了我国人力资本空间集聚现象的存在，城市之间的联系更加密切，一个城市人力资本的空间集聚不仅影响本地区不同层次劳动者的就业机会和本地区的创新，也会对相邻地区劳动者的就业和创新产生影响。因此，人力资本空间集聚对于邻近地区产生的空间效应值得研究者进行思考和探究。

| 第三章 |

人力资本空间集聚的演变

本章利用2000年和2010年的人口普查数据以及2005年和2015年的全国1%人口抽样调查数据的样本数据，分别以省级和市级行政单位作为空间单元来刻画人力资本的空间分布及演变过程。根据前文提到的文献和核心概念，本章的人力资本指标设定为大专及以上学历的劳动年龄人口，去除截至调查时点依然在学的人口。集聚则采用绝对占比和区位熵指数两种衡量标准，即16~60岁劳动年龄人口中受教育程度为大专及以上的人口占全国劳动年龄人口的比例和地区人力资本水平在全国的位次。选择就业年龄段人口是因为就业人口是推动经济增长和创新发展的主体，就业人口的受教育程度尤其是高学历人口比例的高低及其分布会对一个国家或地区社会发展、技术进步产生较大影响，而且使用劳动力人口要比包含在校生的地区高学历人口更加准确。为了使描述更为清晰和直观，本章分别列出了省级层面和市级人力资本的空间分布状况，并将行政单位调整为2015年的行政区划标准。

第一节　人力资市空间集聚的特征与演变

一、人力资本空间集聚的特征

根据国家统计局 2018 年的数据计算，全国就业人员中大专及以上学历人口占比达 21.72%。其中，北京最高，达到 58.94%；上海为 49.71%，天津为 39.26%，最低值为云南（10.08%），如图 3-1 所示。[①] 可见，我国人力资本水平在地区之间差异悬殊，因而不仅需要分析城市人力资本密度的绝对值分布，还有必要对地区之间的相对集聚状况进行分析。

本章在描述我国市级人力资本空间分布的过程中，主要从两个角度来描述：一是绝对占比的角度，用城市大专及以上学历劳动年龄人口占全国大专及以上学历劳动年龄人口的比值来衡量（Arauzo-carod J, 2013）；二是区位熵指数，区位熵是某年某地高学历人口占比与全国平均水平的比值，用于描述该地人力资本集聚程度在全国范围的位次。公式如下：

$$HC_i = \frac{EC_i}{E_i} \bigg/ \frac{EC}{E} \qquad (3.1)$$

式中，EC_i 表示 i 地区内的人力资本数，按照普查和抽样调查数据中的大专及以上学历劳动年龄人口的数量计算得出；E_i 为 i 地区的总劳动人数；EC 为全国人力资本总数；E 为全国劳动人口总数；HC_i 的数值越大，表示该区域的人力资本集聚程度越高。

[①] 　根据《中国劳动与就业统计年鉴》计算所得。

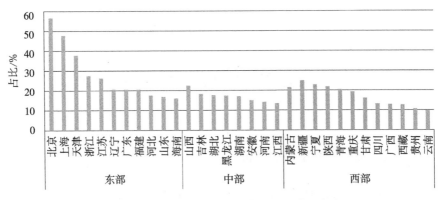

图 3-1 2018 年就业人员大专及以上学历占比

（一）人力资本空间分布总体特征为东南密集，西北稀疏

从绝对值来看，2000 年和 2010 年各个省市大专及以上学历的劳动人口占比在全国的空间分布如图 3-2 所示。从总体来看，东南和西北地区的劳动力人力资本相差较为悬殊，东南部比西北部更为密集，这种分布与我国人口的空间分布基本一致，即与"胡焕庸线"两侧的人口分布相吻合。图 3-3 则为 2005 年和 2015 年全国 1% 人口抽样调查数据。从图中可以看出，2005 年和 2015 年各个省市人力资本水平占全国人力资本的比例分布与 2000 年和 2010 年基本一致，均为东南密集、西北稀疏。

（二）东部地区是人力资本集聚的高地，中部地区其次，西部地区相对较低

结合图 3-2 和图 3-3，人力资本水平的高值在全国的分布并不是均匀的，主要集中在环渤海、长三角、珠三角地区。2005 年，人力资本占比相对较高的省市有 9 个，分别为广东（14.65%）、上海（7.96%）、北京（6.45%）、天津（6.32%）、山西（4.27%）、陕西（4.03%）、山东（3.59%）、辽宁（3.51%）、江苏（3.49%）。到 2015 年河南（6.25%）也跻身前 10 名。结合图 3-3，总体看来，在每一时期，人力资本水平占全国比例的高值区都处于东部地区。

（三）北上广始终是全国人力资本集聚的高值极点，新一线城市崛起成为新的增长点

图 3-2 和图 3-3 分别显示了在 2000—2015 年的四期人口普查数据的时间点，人力资本水平的极点始终为北京、上海、广东。2000 年，北京的大专及以上学历劳动人口占全国劳动人口的比例为 4.61%，上海为 3.78%，广东最高为 7.25%。到 2015 年，北京为 6.58%，上海和广东均超过 10%，分别为 11.02% 和 13.52%。就省市内部来看，人力资本水平较高的地区一般为经济发达地区或省会城市。就 2015 年来说，除直辖市外，地区人力资本水平占全国人力资本水平的比例排名前 10 的是广州、深圳、郑州、武汉、西安、佛山、太原、南京、东莞和成都。其中广东省有四个城市，这几个城市均为经济相对发达的地区，深圳是经济特区，也是我国非常重要的对外窗口，2015 年地区生产总值就已经达到 17502.99 亿元，在全国的排名仅次于上海、北京和广州，其金融业、高新技术产业等均在全国遥遥领先。佛山集先进制造业和物流商贸于一身，是中国的产业名都。东莞具有现代化的工业体系，是全球最大的制造业基地之一，具有众多的全球五百强企业。几个城市各具特色，吸引了大量人才流入。

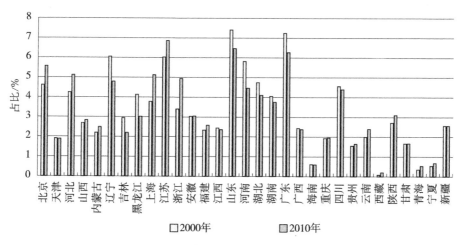

图 3-2　2000 年和 2010 年各省市大专及以上学历劳动人口占全国比例

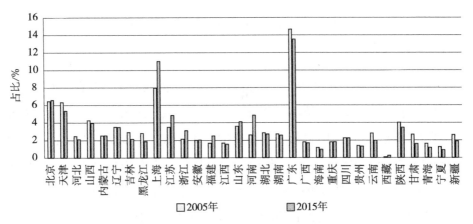

图3-3 2005年和2015年各省市大专及以上学历劳动人口占全国比例

(四) 地区人力资本集聚以省会城市为中心

表3-1显示了城市大专及以上学历劳动者占全国的比例排名前30的城市。2000—2015年，除了北京、上海、天津、重庆四个直辖市和广州等老牌一线城市，中西部地区的河南郑州从2000年排名第16位上升到2015年的第7位，陕西西安则从第11位上升到第8位，四川成都则是从20位之后上升到第14位，这些省会城市人力资本的集聚程度排名上升速度均较快，湖北武汉、浙江杭州以及山西太原等也均为省会城市。相对来说，省会城市经济发达、基础设施健全、社会保障完备，因而成为各个地区主要的人才集中地。另外，像深圳、东莞、佛山、湛江这些东部地区的城市逐渐跻身人力资本集聚高值区，而东北地区的哈尔滨、长春、大连等城市则被挤出，也说明了人力资本的集聚呈现出向东部地区移动的趋势。

表3-1 大专及以上学历劳动者占比排名前30的城市

排序	2000年		2005年		2010年		2015年	
	城市	比例（%）	城市	比例（%）	城市	比例（%）	城市	比例（%）
1	北京	4.54	上海	7.96	北京	5.57	上海	7.60
2	上海	3.71	北京	6.45	上海	5.13	天津	4.71

续表

排序	2000 年		2005 年		2010 年		2015 年	
	城市	比例（%）	城市	比例（%）	城市	比例（%）	城市	比例（%）
3	重庆	3.58	天津	6.32	重庆	1.95	北京	4.31
4	广州	1.95	深圳	3.47	天津	1.89	广州	3.66
5	天津	1.87	广州	3.30	成都	1.83	深圳	2.31
6	武汉	1.70	重庆	1.80	武汉	1.60	重庆	2.06
7	沈阳	1.68	西安	1.56	广州	1.55	郑州	1.61
8	重庆	1.44	太原	1.18	深圳	1.55	西安	1.49
9	哈尔滨	1.41	长春	1.03	石家庄	1.47	武汉	1.16
10	湘潭	1.36	沈阳	0.95	西安	1.45	佛山	1.13
11	西安	1.28	武汉	0.93	苏州	1.43	太原	1.02
12	南京	1.18	佛山	0.92	沈阳	1.43	南京	0.97
13	大连	1.16	哈尔滨	0.90	杭州	1.38	东莞	0.73
14	长春	1.11	昆明	0.87	郑州	1.29	成都	0.70
15	青岛	1.04	南京	0.85	南京	1.28	沈阳	0.69
16	郑州	1.04	西宁	0.78	哈尔滨	1.20	青岛	0.69
17	济南	1.02	韶关	0.75	青岛	1.12	杭州	0.68
18	杭州	0.95	湛江	0.74	大连	1.00	苏州	0.67
19	石家庄	0.90	成都	0.72	长沙	0.97	湛江	0.63
20	太原	0.85	杭州	0.67	济南	0.96	济南	0.62
21	长沙	0.85	大连市	0.65	长春	0.91	长春	0.61
22	合肥	0.80	兰州	0.65	唐山	0.87	江门	0.60
23	昆明	0.78	长沙	0.64	保定	0.84	咸阳	0.60
24	乌鲁木齐	0.73	珠海	0.63	太原	0.81	长沙	0.56
25	南昌	0.72	海口	0.62	合肥	0.80	珠海	0.56
26	徐州	0.68	乌鲁木齐	0.62	乌鲁木齐	0.80	大连	0.54
27	无锡	0.66	郑州	0.60	昆明	0.76	厦门	0.52
28	烟台	0.66	济南	0.59	宁波	0.75	海口	0.51
29	苏州	0.65	银川	0.58	无锡	0.71	南昌	0.51
30	兰州	0.64	江门	0.57	温州	0.65	哈尔滨	0.49

二、人力资本空间集聚的演变

从人口结构的角度来看，2000—2010 年我国整体的人力资本水平有了较大提升。根据国家统计局数据，2000 年全国大专及以上学历劳动人口占全国就业人员的比例为 4.61%，2010 年达到 10.21%。2005 年全国大专及以上学历人口占全国就业人员的比例为 6.77%，到 2015 年达到 11.77%。但在不同时期和不同地区之间人力资本的分布并不平衡，前文的分析也显示了人力资本在全国的分布出现了向东部沿海地区集聚的趋势。为了表征集聚的演变，突出地区人力资本集聚在全国范围的相对变化，本节采用人口结构的区位熵指数来衡量全国各省市人力资本的集聚程度，指数超过 1 表示高于全国平均水平即发生集聚。

（一）人力资本集聚高值区进一步由西向东、由北向南转移

图 3-4 和图 3-5 分别是 2000 年和 2010 年、2005 年和 2015 年各个省市人力资本占全国比例的区位熵指数，能够衡量一个地区人力资本水平在全国的位次。2000 年，人力资本区位熵指数大于 1 的省市中，东部地区有北京、天津、山东、江苏、浙江、福建、河北、海南共 8 个省市，中部地区有安徽、江西、河南，西部地区有内蒙古、广西、重庆、贵州、甘肃、宁夏和新疆，东北地区则无区位熵指数大于 1 的省市。2015 年，东部地区的北京、上海、天津、广东仍然为集聚高值区，中部地区仅有山西，西部地区仅剩内蒙古、西藏和新疆，可以发现集聚程度加深了。

（二）东部地区人力资本集聚极化增强，且呈带状延伸，中西部省份集聚并不明显，东北地区集聚程度下降

从图 3-4 和图 3-5 来看，相对全国平均水平来说，2010 年，人力资本集聚程度较高的地区是北京、上海、天津、浙江和海南。2015 年，在全国的位次相对靠前的省份则增加了广东、山西等省份，福建和海南的集聚程度有所

下降。中西部地区人力资本集聚程度变化较小，中部地区非集聚区面积扩大，东北三省人力资本集聚的高值面积缩小，说明相对全国来说，这些地区的人力资本水平下降了。而人力资本在东部沿海地区的带状分布更为明显，并且人力资本在少数城市的集聚逐渐增强。

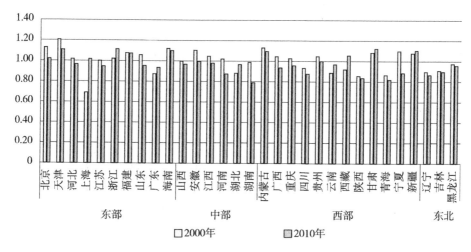

图 3-4　2000 年和 2010 年各省区市人力资本区位熵

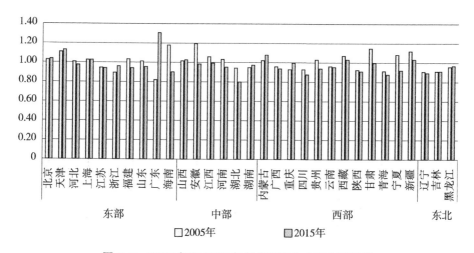

图 3-5　2005 年和 2015 年各省区市人力资本区位熵

为了进一步说明人力资本在东南沿海地区集聚的自我强化，以城市迁入人口为研究对象，值得注意的是迁入人口并非短期迁入，而是在迁入地居住达 5 年的人群。从表 3-2 可以看出，2000—2015 年，大专及以上学历迁移人口选择流入的城市基本集中在东南沿海和北京、深圳、广州等地，而且这些老牌的一线城市所吸引的高水平人力资本在不断增加，2000 年拥有大学学历的迁移人口中有 11.71% 选择了上海，到 2015 年该比例上升为 17.51%，北京也从 5.10% 上升至 9.35%，广州和天津则增加了约 3 个百分点。整体来看，2000—2015 年，大专及以上人力资本迁入的城市近一半集中在东南沿海地区，而中西部地区则主要集中在省会城市。夏怡然等（2020）用 1982 年的人口普查数据和 2010 年的数据对比，结果也发现有越来越多的东部城市跻身人力资本排名前列，而被挤出的城市则大多为中西部地区的城市。

表 3-2　迁入人口中大专及以上学历占比排名前 30 的城市

排序	2000 年		2005 年		2010 年		2015 年	
	城市	比例（%）	城市	比例（%）	城市	比例（%）	城市	比例（%）
1	上海	11.71	上海	18.97	北京	12.46	上海	17.51
2	深圳	10.80	深圳	14.29	上海	10.69	北京	9.35
3	北京	5.10	北京	12.21	深圳	6.81	深圳	8.68
4	广州	4.10	广州	6.67	成都	3.89	广州	7.57
5	东莞	4.05	天津	3.63	广州	3.83	天津	4.24
6	成都	2.64	东莞	1.98	苏州	3.62	东莞	2.94
7	佛山	1.96	昆明	1.57	杭州	2.53	佛山	2.22
8	西安	1.96	西安	1.54	郑州	2.25	郑州	1.99
9	郑州	1.59	佛山	1.42	西安	2.07	重庆	1.84
10	重庆	1.50	南京	1.34	东莞	1.96	西安	1.53
11	苏州	1.46	珠海	1.26	天津	1.49	武汉	1.39
12	长沙	1.46	成都	1.21	武汉	1.45	苏州	1.29
13	天津	1.41	重庆	1.17	重庆	1.42	珠海	1.25
14	南京	1.14	长沙	0.88	长沙	1.41	成都	1.25
15	武汉	1.09	杭州	0.80	南京	1.33	厦门	1.03
16	南宁	1.05	武汉	0.77	厦门	1.32	长沙	1.01
17	昆明	1.05	海口	0.77	青岛	1.30	杭州	1.00

续表

排序	2000 年		2005 年		2010 年		2015 年	
	城市	比例（%）	城市	比例（%）	城市	比例（%）	城市	比例（%）
18	哈尔滨	1.00	汕头	0.75	昆明	1.24	南京	0.96
19	杭州	1.00	大连	0.72	乌鲁木齐	1.18	太原	0.95
20	合肥	0.87	厦门	0.67	合肥	1.12	惠州	0.95
21	中山	0.87	太原	0.65	宁波	1.02	海口	0.95
22	无锡	0.82	苏州	0.65	济南	1.02	济南	0.92
23	青岛	0.82	青岛	0.65	无锡	1.01	中山	0.79
24	乌鲁木齐	0.82	福州	0.64	沈阳	0.96	青岛	0.71
25	大连	0.73	惠州	0.62	南宁	0.85	乌鲁木齐	0.65
26	厦门	0.73	西宁	0.62	佛山	0.84	西宁	0.59
27	济南	0.68	合肥	0.54	福州	0.83	合肥	0.53
28	海口	0.68	沈阳	0.53	大连	0.81	昆明	0.52
29	襄樊	0.64	宁波	0.52	呼和浩特	0.78	银川	0.48
30	温州	0.59	中山	0.52	金华	0.73	福州	0.48

第二节　分区域人力资本空间集聚的特征与演变

前文分析显示，我国人力资本空间集聚总体演变趋势是东部地区始终领先并不断增长，中西部地区省会城市稳中有升，东北地区相对下降。因而人力资本空间分布状况在四大板块之间存在较为明显的差异，进一步地，各大板块内部的人力资本水平也存在较大异质性。本节将继续从就业人口受教育程度的角度，分区域讨论大专及以上学历就业人员占区域总就业人员的比例变化，探析板块内部的人力资本空间分布的特征。

一、分板块人力资本空间集聚的特征与演变

（一）东部板块人力资本水平提升迅速，且以长三角为中心向沿海地区扩张，部分省市呈现"双城并立"的格局

图 3-6（a）和（b）分别是根据 2000 年和 2015 年人口普查与抽样调查样本数据画出的大专及以上学历人口占比的分布状况。从图中可以看出，北京、天津、上海等直辖市地区始终是高值点，而且增长较快，2000 年占比分别是北京 20.19%、上海 13.51%、天津 12.64%，到 2015 年是北京为26.80%、上海是 19.51%、天津 14.67%，天津增长最快，北京和上海的增长率也都超过 30%。

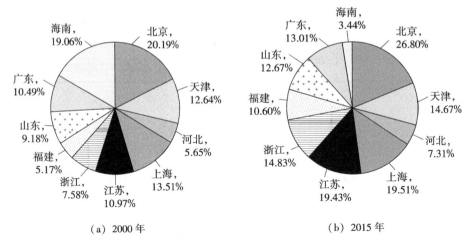

（a）2000 年 　　　　　　　　（b）2015 年

图 3-6　东部板块大专及以上学历人力资本空间分布

2000 年，东部板块中排名前 10 的城市[①]有海南海口（19.06%）、江苏南京（10.97%）、福建厦门（10.33%）、广东珠海（10.78%）、广东广州（10.49%）、山东济南（9.18%）和广东深圳（8.13%）。到 2015 年变为江苏南京（36.49%）和苏州（25.10%）、浙江杭州（26.79%）、福建厦门

———————————

[①]　城市数据为笔者计算得出，若需要可向作者索要。

（25.64%）、山东济南（26.14%）和青岛（25.26%）、广东广州（26.57%）和深圳（26.32%），新增加了江苏苏州、浙江杭州与山东青岛。不难看出，对于江苏、山东以及广东等省份，人力资本不只是在省会城市集聚，还在经济发达的"第二城"集聚，而且这些城市的增长速度都十分迅速，属于东部板块中较为突出的城市。2015 年人力资本以北上广深为中心不断扩大，尤其长三角地区扩张显著，说明人力资本在向发达地区集聚的趋势有所增强。

（二）中部地区人力资本水平在区域内部向长江沿线集聚

如图 3-7 所示，2000 年中部板块的人力资本分布的高值区较少且比较分散。这一时期，人力资本水平的均值在 10% 左右，到 2015 年提高至 11.11%。从 2000 年到 2015 年人力资本结构性占比的高值区面积有所扩大①，其中位于高值区的是山西太原、湖南长沙、湖北武汉、江西南昌和河南郑州，均为各个省份的省会城市。但是在省份内部，人力资本水平的变化相对明显，或靠近各个省会城市或向长江沿线集聚。例如，2015 年湖南长沙、株洲和湘潭均成为省内的高值区，尤其安徽省的芜湖、黄山等长江沿线的地区人力资本水平上升幅度相对较大。

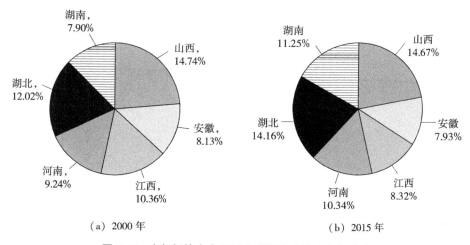

（a）2000 年　　　　　　　　　　（b）2015 年

图 3-7　中部板块大专及以上学历人力资本空间分布

① 城市数据由笔者计算得出，若需要可向作者索要。

（三）西部板块人力资本水平变化不明显，区域内部人力资本集中分布在省会城市

如图 3-8 所示，西部板块人力资本水平整体变化不明显，2000 年西部地区大专及以上学历人口占比平均值为 9.14%，2015 年为 11.12%。相对来说，增长较快的是内蒙古呼和浩特、云南的西双版纳和大理地区。数据显示 2015 年超 20% 的地区基本为各个省份的省会城市，内蒙古呼和浩特 23.91%，四川成都 22.96%，陕西西安为 27.17%，甘肃兰州 25.41%，宁夏银川 23.46%，新疆乌鲁木齐 35.90%。① 这表明在各个省份内部，省会城市的人力资本水平相对较高。

（四）东北地区集聚不明显，区域内部人力资本空间分布逐渐南移

图 3-9 是我国东北地区大专及以上学历人力资本空间分布，东北地区由黑龙江、辽宁、吉林三省组成。2000 年大专以上学历占比的平均值为 9.8%，到 2015 年为 10.67%。就整个东北板块而言，高值区较少，且集聚并不明显，人力资本相对高值区有向南转移的趋势，2015 年，黑龙江的哈尔滨和大庆、吉林的长春以及辽宁的沈阳和大连等市人力资本水平相对较高。

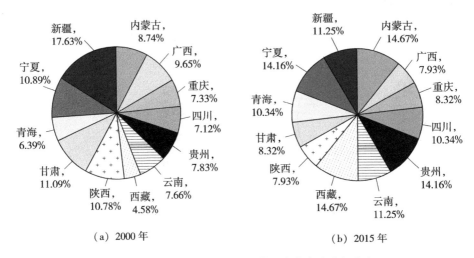

（a）2000 年 （b）2015 年

图 3-8　西部板块大专及以上学历人力资本空间分布

① 城市数据由笔者计算得出，若需要可向作者索要。

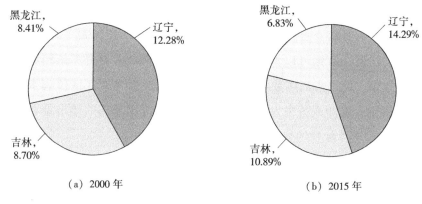

（a）2000 年　　　　　　　　　　（b）2015 年

图 3-9　东北地区大专及以上学历人力资本空间分布

二、分经济带人力资本空间集聚的特征与演变

《2024 年政府工作报告》中指出我国继续实施区域协调发展战略，"扎实推动京津冀协同发展、长江经济带发展、粤港澳大湾区建设、长三角一体化发展、黄河流域生态保护和高质量发展，高标准、高质量建设雄安新区。推动西部大开发形成新格局，推动东北振兴取得新突破，促进中部地区加快崛起，鼓励东部地区加快推进现代化。推进成渝地区双城经济圈建设"。区域经济一体化是我国新的发展引擎，区域间的人才交流与培训等促进了人力资本的外溢效应（曾湘泉，2015）。为了对各个区域人力资本空间分布有更加清晰的认识，本节选择按照京津冀经济圈、长三角经济圈、粤港澳大湾区以及成渝经济带的经济区域划分来分别描述人力资本的现状及演变，由于香港和澳门数据缺失，因而分析的是珠三角九市。每个经济圈中均存在中心城市，因此选择使用区位熵指数来衡量区域内部人力资本分布的状况。

（一）京津冀经济圈人力资本依然以北京和天津为中心，集聚极化严重

京津冀地域面积约 21.6 万平方千米，2018 年地区常住人口 1.1 亿人，地区生产总值 8.5 万亿元，占全国的 9.4%。2015 年，中央财经领导小组（现已改名为中央财经委员会）审议通过的《京津冀协同发展规划纲要》提出京津冀协同发展是重大国家战略，目标是疏解北京非首都功能。2017 年提出建立

雄安新区，是承接北京非首都功能的集中承载地，也是继深圳特区和浦东新区之后的又一具有重要意义的新区。如图 3-10 所示，从 2000 年和 2015 年人口普查和抽样调查数据可以发现，京津冀经济圈中，人力资本依然集聚在北京市和天津市，河北省内多数城市人力资本并未发生集聚（区位熵指数小于1），相对来说，就业人员中大专及以上学历人口占比较高的地市是石家庄市和秦皇岛市，分别为 16.94% 和 16.97%。[①]

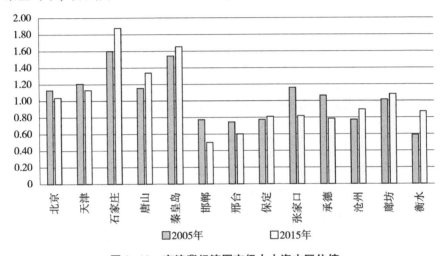

图 3-10　京津冀经济圈市级人力资本区位熵

（二）长三角经济圈人力资本以上海为集聚中心向周围扩散

我国于 2019 年 12 月发布了《长江三角洲区域一体化发展规划纲要》，确定了长三角城市群以上海、江苏省的南京等 9 市、浙江省的杭州等 9 市以及安徽省的合肥等 8 市总计 27 个城市为中心区，发挥这些城市的辐射带动作用，促进长三角地区实现高质量发展。长江三角洲地区经济实力雄厚，科技创新优势明显，开放合作程度高，长三角地区的一体化战略关乎着我国整体空间布局的优化，是全国范围内重点建设的增长极。从表 3-3 中能够看出，2000 年，长三角经济圈人力资本集聚程度较高的地区是上海、江苏南京、浙江杭州、江苏无锡、安徽合肥。2015 年，长三角经济圈人力资本高值区在江

---

① 城市数据由笔者计算得出，若需要可向作者索要。

苏和浙江进行大范围扩展，尤其在长江入海口附近的苏州、常州、镇江以及浙江的宁波和舟山等城市。

表3-3　长三角经济圈市级人力资本区位熵

省份	城市	2000 年	2015 年
上海	上海	1.11	1.03
江苏	南京	2.42	2.39
江苏	无锡	1.48	1.29
江苏	常州	0.87	1.33
江苏	苏州	1.08	1.44
江苏	南通	0.69	0.84
江苏	盐城	0.63	0.49
江苏	扬州	0.85	0.74
江苏	镇江	1.35	1.03
江苏	泰州	0.70	0.75
浙江	杭州	1.94	2.32
浙江	宁波	1.10	1.32
浙江	温州	0.72	0.67
浙江	嘉兴	0.76	0.84
浙江	湖州	0.99	0.66
浙江	绍兴	0.54	0.92
浙江	金华	0.85	0.66
浙江	舟山	1.65	0.88
浙江	台州	0.58	0.71
安徽	合肥	2.66	2.03
安徽	芜湖	1.33	1.26
安徽	马鞍山	1.35	0.93
安徽	铜陵	2.16	1.06
安徽	安庆	0.97	1.06
安徽	滁州	0.88	0.72
安徽	池州	0.80	1.44
安徽	宣城	0.69	0.88

(三) 珠三角人力资本集聚以广州、深圳、珠海为增长极点，相邻城市增长较快

粤港澳大湾区包括香港、澳门和珠三角九市（广州、深圳、珠海、佛山、江门、肇庆、惠州、东莞和中山），是我国沿海开放前沿，经济发展水平高，产业结构转型升级最快，集群优势较为明显的地区。2019 年 2 月出台的《粤港澳大湾区发展规划纲要》提出"坚持极点带动、轴带支撑、辐射周边，构建结构科学、集约高效的大湾区发展格局。建设粤港澳大湾区，是新时代推动形成全面开放新格局的新尝试"。从图 3-11 可以看出，2000 年人力资本集聚程度最高的地区是珠海，大专及以上学历就业人员占全省比例[①]达到10.78%。2015 年，广州和深圳异军突起，成为人力资本集聚程度更高的地区。其中，广州大专及以上学历就业人员占全省大专及以上学历就业人员的26.57%，深圳占比 26.32%，珠海占比 23.67%；佛山增长较快，由 4.61%上升到 17.21%，成为高水平人力资本集聚的又一新高地；中山和东莞的人力资本占比也在 10%以上。此外，广州、深圳和佛山的大专及以上学历就业人员

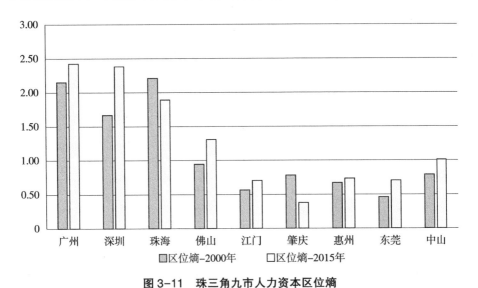

图 3-11　珠三角九市人力资本区位熵

---

① 城市数据由笔者计算得出，若需要可向作者索要。

占全国大专以上学历的比例分别为 3.66%、2.31% 和 1.12%，是全国城市中除上海、北京、天津三市以外的最高值。而且，有研究显示，考虑香港和澳门后，粤港澳大湾区的人才集聚水平甚至高于京津冀和长三角城市群（齐宏纲等，2020）。

（四）成渝地区双城经济圈人力资本向成都和重庆集聚，其余地区相对较低

成渝地区双城经济圈是西部地区人口较为集中的地区，成都和重庆两市被视为"双子星"。此外，该经济圈还包括泸州、绵阳、乐山、南充和宜宾等城市。"成渝地区双城经济圈"聚集千万人口，是继"京津冀城市群""长三角城市群""粤港澳大湾区"之后的第四个国家经济战略增长极，是西部发展黄金地带。如图 3-12 所示，2015 年，重庆和成都是明显的集聚高值区，大专及以上学历就业人口占成渝地区双城经济圈的比例接近 70%，其他城市基本在 4% 以下。① 二市成为西部地区人力资本的集聚地。

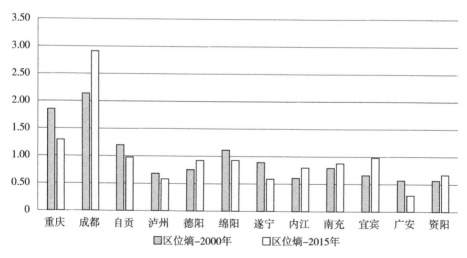

图 3-12　成渝地区双城经济圈人力资本区位熵

---

① 城市数据由笔者计算得出，若需要可向作者索要。

第三节　本章小结

　　本章利用 2000 年、2010 年全国人口普查数据和 2005 年、2015 年的全国 1%抽样调查样本数据，结合国家统计局发布的宏观数据，按照从宏观到微观的顺序，采用地区人力资本占全国人力资本的比例以及区位熵指数作为人力资本绝对意义和相对意义的衡量指标，分析了全国整体、四大板块以及区域经济圈人力资本的空间分布特征和人力资本集聚趋势的演变。结果显示，①对于全国来说，人力资本空间分布总体特征为东南密集，西北稀疏；人力资本集聚的高地为东部地区，其次是中部地区，西部地区相对较低；北上广人力资本集聚始终处于全国高值极点。②四大板块内部，东部板块人力资本水平提升迅速，且以长三角为中心向沿海地区扩张，部分省份呈现出省会城市与经济发达的"第二城"——"双城并立"的态势，集聚程度加强；中部地区人力资本水平始终处于洼地，区域内部向长江沿线集聚；西部板块人力资本水平变化不明显，区域内部人力资本集中分布在省会城市。③按照区域经济圈划分，京津冀经济圈中北京市、天津市的人力资本集聚程度最高并且不断加强，长三角经济带以上海市为中心，向周围扩散；珠三角九市则以广州和深圳为集聚极点；成渝地区的成都、重庆是人力资本集聚中心。

　　综上所述，在时间维度上，我国人力资本空间集聚呈现不断增强的趋势；在空间维度上，人力资本的集聚呈现以京津冀、长三角、珠三角和成渝地区为高值点的集聚极化态势。东部地区出现人力资本自我集聚增强的趋势，除省会城市外，经济发达的"第二城"也成为人力资本的重点集聚区。另外，新一线城市的崛起塑造了人力资本集聚新的增长点。长三角经济圈和珠三角九市人力资本集聚现象更为突出，且有向周边城市扩散的趋势，在辐射带动周边地区人力资本发展水平的方面作用显著。

| 第四章 |

人力资本积累、高校扩招与空间集聚

人力资本积累是地区发展的动力。从区域发展的角度看，人力资本的差异是地区发展差距的重要解释因素。近年来，不少城市推出吸引人才的各项优惠政策，如取消落户限制，提供住房补贴以及各种福利政策。党的十九届五中全会提到要推进区域协调发展和以人为核心的新型城镇化，当前我国人力资本的空间分布呈现在少数地区集聚的态势。人力资本的空间集聚最根本的原因是人力资本存在外部性，本章将从供给的角度探讨人力资本空间集聚的原因，主要分析地区人才培养规模和高校扩招的短期和长期影响。

本章后文安排如下，第一部分为文献回顾与理论机制分析，第二部分为特征性事实，第三部分为模型设定与描述性统计，第四部分为实证分析，最后是本章小结。

第一节　文献回顾与理论机制分析

人力资本空间集聚的特征表现在不同地区人力资本的规模、密度存在较大差异，人力资本集中分布在少数地区和城市。人力资本向经济发达的城市集聚的趋势在世界范围内广泛存在（Berry & Glaeser，2005）。一个地区人力资本积累的来源主要有两种路径：一是地区本身的人力资本积累，即培养和供给；二是其他地区的人力资本流入（夏怡然等，2019）。而地区本身的人力资本积累从微观个体角度而言是源自家庭人力资本的代际传递。很多利用微观数据的研究显示父辈人力资本水平将显著影响子代的受教育水平（邹薇等，2019；杨娟等，2015）。进一步地，一个地区的人力资本水平的提升从个体角度来说即个人受教育机会的增加（邢春冰，2013）。宏观地区层面则来自本地教育人才培养，这主要体现在地区对教育的重视和投入。在没有大规模的人口流动发生时，城市自身的人才培养和教育供给的规模效应是城市人力资本积累的重要来源。各城市高校招生时以本地生源为主，其潜在的假设是高校毕业生毕业后会优先考虑留在本地就业。Winters（2011）使用 1980—2000 年的人口普查数据，分析了美国高水平人力资本在城市集聚的原因，发现迁往高人力资本水平城市的人中，很大一部分是为了追求高等教育，而城市高人力资本的增长是因为这些迁移进来的人口在毕业后选择留在该城市，而且很多受教育水平较高的城市都位于公立大学的周围。原因在于一个人在本地生活了若干年后，获得的技能可能比去新的地方更有生产力，即基于特定地点的人力资本（Berry & Glaeser，2005）。即使是一些外地生源，出于人脉关系、发展前景等因素的考虑，留在当地就业也会更有效率。此外，一个很重要的因素是人力资本水平较高的地区有着更加丰富的教育和培训资源，能够进一步促进本地人才培养，从而产生人力资本积累规模经济效应，形成良性循环。地区吸引外部人力资本流入形成集聚其根源是人力资本的外部性，个人受教育水平的提升能够产生知识溢出效应，使其他人可以从中获益。

在劳动力能够自由流动的情况下，人力资本初始存量越高，通过创业等方式对人才的需求越多，那么该地的就业机会就会越多，工资水平也会更高，相应的基础设施也会更完善、社会文化环境等会更好，那么该地区就越能够吸引更多的人才流入，从而实现人力资本的累积循环效应（Berry & Glaeser，2005；Moretti，2004；Acemoglu & Angrist，2000）。Xing（2016）证明了教育水平更高的城市有着更高的教育回报。同时，中西部省份相对于沿海地区来说教育回报率较低。夏怡然和陆铭（2019）运用第五次、第六次人口普查数据证明了历史上的人力资本水平对当代的人力资本积累影响显著，而在市场经济环境下，人力资本的外部性对于地区人力资本积累来说发挥着更重要的作用。城市大学生数量、公共服务、产业结构、城市地理区位、就业机会以及城市工资水平等均是吸引人才流入的重要因素（Vossen D et al.，2019；Nifo A & Vecchione G，2014；Liu Y & Shen J，2014）。这些因素的优势意味着人力资本的回报更高，其将人力资本集聚的两个重要条件总结为人力资本原始积累和人力资本回报。随着市场经济的不断发展与完善，市场在资源配置中起决定性作用，人力资本回报已经成为当前人力资本集聚的重要驱动力。与此同时，对于我国来说，人力资本的自由流动还受到某些因素的限制，一些特大城市严格的户籍政策和社保政策、就业歧视以及外来人口子女的教育限制等均是阻碍人力资本流入的重要因素。

综上所述，人力资本在地理空间上集聚的机制可以总结为两个方面——宏观和微观。从宏观上看，其机制主要通过两种途径：一是地区人力资本积累。本地人才培养能够直接增加人力资本供给，从而提升本地人力资本积累水平。二是积累与集聚的累积循环效应（夏怡然等，2020）。基于人力资本的外部性带来的人力资本回报吸引了外地人力资本的流入。虽然机制不同，但其根源都是人力资本具有外部性，高水平的人力资本是知识的载体，能够产生知识溢出和外部经济。而从微观个体来看，地区人力资本的集聚对于个人来说，是该地区个体受教育机会的增加。人力资本对地区经济发展、产业结构升级、创新产出、城镇化进程等重要作用不言而喻。人力资本的外部性更是地区不断加大对人才的培养以及改善工作环境和生活福利的重要驱动力。因此，人力资本与地区发展之间是相辅相成、互相促进的。如果一个地区本地人才培养比例较高，意味着该地区人力资本原始积累较为充足，在循环积累效应的作用下，也能够提升未来城市人力资本水平。而我国在1999年实行的高校扩招政策直接扩大了地区人力资本培养的规模，而且受过高等教育的群体拥有更强的"干中学"的能力，其外部性显著大于低层次学历的人群（Moretti，2004）。这对地区高质量人力资本集聚来说影响很大，而且我国高等教育资源分布十分不平衡，大学基本设立在北京、上海、天津三市以及各省会城市，从历年高校的招生指标来看，面向本地的指标更多。而那些高校数量较少的城市人力资本来源则主要靠外部地区的流入（陈斌开、张川川，2016）。这就使得高校扩招带来的人力资本规模的扩大在地区间出现较大的异质性，因此，有必要针对高校扩招对城市人力资本集聚产生的影响进行探究。

由此，本节的重点是探讨本地人才培养规模对地区人力资本空间集聚的影响。一个不容忽视的现象是受高校扩招政策的影响，人力资本供给陡然上升，但是高等教育资源在地区间的分配并不均衡，这会影响城市人力资本的集聚。因而本研究认为，高校扩招强度越大，新增高学历人口比例就越大，城市人力资本集聚程度也就越高。研究重点具体分为两个方面：第一，地区人力资本积累对城市人力资本集聚的影响如何？第二，高校扩招对地区人力资本集聚的影响有多大？两者对地区人力资本集聚的影响在短期和长期有何表现？

故提出如下假设：

假设1：地区人力资本积累水平越高则城市未来人力资本的集聚程度越高。

假设2：由于高等教育资源分布不均，高校扩招导致人力资本空间集聚程度增强。

第二节　人力资本积累与人力资本集聚

我国高等教育资源在地区之间的分配是不均衡的。图4-1展示了2000年在校大学生占比与后期人力资本水平变化量的关系。可以看出，2000年的在校大学生占比与2015年的人力资本比例变化量呈正相关关系。大学生占比越高的地区，在未来积累的人力资本积累水平也越高。除此之外，我国高等教育资源分布的不均衡性，北京、天津和上海较为突出，这些地区经济发展水平在全国遥遥领先，高等教育资源也十分丰富，地区人力资本积累对后期人力资本集聚的影响较大。而西藏、广西和青海等地始终处于低值区。在城市层面，2000年拥有普通高等院校数量排名靠前的城市（见图4-2），在2000年和2015年的高水平人力资本占比增量也更高，如北京、南京、西安和武汉等（见图4-1）。这些地区高校数量众多，同时扩招也给这些地区扩大人才培养规模提供了有利的契机。而城市大学生招生人数的增加会导致就业人口中大学生的比例上升,从而提升地区的人力资本水平。

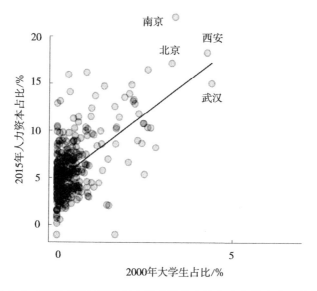

图4-1 2000年和2015年市级大学生占比与人力资本水平变化

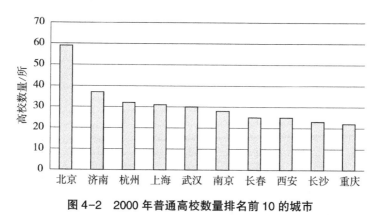

图4-2 2000年普通高校数量排名前10的城市

距1999年高校扩招政策的实施已经过去二十多年,扩招带来的全国整体人力资本水平的提升有目共睹。高校扩招政策实施以前,我国的高等教育水平发展相对落后,适龄青年接受高等教育的比例低于同期的印度和泰国等国家,为了发展高等教育,提高人力资本素质,同时也为应对1998年亚洲金融危机导致的国内经济下滑以及失业等问题，我国政府于 1998 年 12 月制订了《面向 21 世纪教育振兴行动计划》，从 1999 年开始以高校扩招为核心的高等教育体制改革。2000 年，普通高校专科、本科和研究生的招生总人数比上年增长了 42.28%。其中，本科增长了 41.79%，而专科增长率达到 70%。由此，从 2002 年开始高校毕业生人数快速上升（图 4-3）。1999—2005 年，招生人数的增长率均保持高速的增长，超过 10%。这部分毕业生进入社会以后极大地增加了拥有专科及以上学历的人力资本规模。本次扩招政策在全国实施，而且其带来的人力资本的增加因受限于高等院校的分布，在地区之间具有较强异质性。为了探究高校扩招对地区人力资本集聚的影响，本研究利用高校扩招的地区异质性来构建城市高校扩招的强度指标（陈斌开、张川川，2016）。因为本研究所用数据最近年份为 2015 年，考虑到普通高等教育的学习年限一般在 3 年到 5 年，以及扩招对人力资本集聚效应的滞后性，所以以 2000 年、2005 年和 2010 年城市高等院校数量和全国高校招生规模增量的乘积作为高校扩招规模的代理变量。其核心思想是高校扩招增加的学生总量一定，但总量在城市之间的分配受到城市高校数量的制约，高校数量越多，则扩招期的招生强度越大。

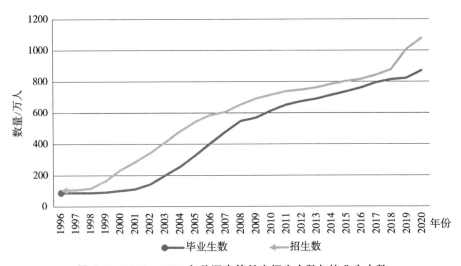

图 4-3　1996—2020 年普通高等教育招生人数与毕业生人数

第三节 模型设定与描述性统计

一、模型设定

本研究的目标是验证地区人才培养规模和高校扩招是否影响城市未来的人力资本集聚，以及这种影响在短期和长期有何表现。解释变量用 2000 年在校大学生数量占地区总人口的比例来表示地区原始的人才培养规模（何小钢等，2020）。被解释变量则为地区人力资本集聚程度，用不同时期大专及以上学历劳动年龄人口占比的增长量来表示。同时，为了探究人才培养对城市人力资本集聚的短期和长期效应，将 2005 年和 2015 年人力资本的增长量分别对 2000 年在校大学生占比以及高校扩招强度进行回归。基于上文分析和研究假设，建立关于地区人才培养、高校扩招与地区人力资本集聚的实证模型。

首先，建立地区人力资本原始积累与后期人力资本集聚的基准模型：

$$colleshare_{i,t} - colleshare_{i,2000} = \alpha_0 + \beta_0 collegestu_{i,2000} + \gamma_0 X_{i,t} + \varepsilon_{i,t} \quad (4.1)$$

式中，$colleshare_{i,t}$ 为 i 城市 t 年大专及以上学历劳动年龄人口占城市劳动年龄人口的比例，$t = 2005$、2015；$collegestu_{i,2000}$ 为 i 地区 2000 年的在校大学生占比；X 是其他控制变量，表示来自城市层面的系列特征变量；ε 为误差项。

其次，为探究高校扩招的影响，建立以高校扩招强度为核心解释变量的回归模型：

$$colleshare_{i,t} - colleshare_{i,2000} = \alpha_1 + \beta_1 expand_{i,2000} + \gamma_1 X'_{i,t} + \mu \quad (4.2)$$

$$expand_{i,2000} = \frac{college_{i,2000} \times increnroll_{i,2000}}{total_{i,2000}} \quad (4.3)$$

$colleshare_{i,t}$ 的含义与式（4.1）相同；$expand_{i,2000}$ 为 i 城市在 2000 年时的人均扩招增量，表示高校扩招强度；$college_{i,2000}$ 为 i 城市在 2000 年时的普通高等院校数量；$increnroll_{i,2000}$ 为 2000 年时全国的普通高等院校招生人数相对于前 1 期的增量，即相对于扩招政策实施前 1 年即 1998 年的变化量；$total_{i,2000}$ 为 i 城市在 2000 年的人口总数。

二、描述性统计

本节首先从城市层面探讨本地人才培养与未来地区人力资本水平的关系，核心变量使用的数据是 2005 年、2015 年全国 1% 人口抽样调查数据以及 2000 年的全国人口普查数据，将其作为混合横截面数据进行模型回归。因为研究的是本地人才培养规模与未来一段时间内人力资本水平的关系，所以将 2000 年的在校大学生占比作为基期，即分析的是 2000 年在校大学生人数占比对 2005 年和 2015 年地区人力资本集聚的影响。其他控制变量的数据均来自相应年份的《中国城市统计年鉴》。从前文可知，地区人力资本的流入会受到地区经济发展水平、工资水平、市场规模以及人口密度等因素的影响，因而控制变量中选择人均 GDP 代表地区经济发展水平，城市在岗职工平均工资反映该地区的工资水平，第三产业增加值与第二产业增加值之比表征产业结构，市场规模则选择社会消费品零售总额表征，在新经济地理学中，市场规模越大，消费品种类会越丰富，对劳动力的吸引力越大（王莹莹，2019）。在回归中为了避免单位的不同造成的误差，对人均 GDP、在岗职工平均工资和市场规模取对数进入回归，另外考虑到人口内生增长的影响，还控制了地区人口密度。具体如表 4-1 和表 4-2 所示。

表 4-1　指标名称

被解释变量：人力资本集聚	2005 年相对 2000 年和 2015 年相对 2000 年大专及以上学历人口占劳动年龄人口比例的增量
解释变量：人力资本供给	2000 年大专及以上学历在校生数占地区总人口的比例
	2000 年高校扩招强度

续表

控制变量	经济发展水平	人均GDP（万元/人）
	工资水平	在岗职工平均工资（元）
	产业结构	第三产业增加值/第二产业增加值
	市场规模	社会消费品零售总额（亿元）
	人口密度	人口密度（人/平方公里）

表4-2 描述性统计

变量名	观测值	均值	标准差	最小值	最大值
2015年大专及以上学历人口占比	341	0.048	0.034	0.003	0.258
2005年大专及以上学历人口占比	339	0.064	0.041	0	0.291
2000年大专及以上在生占比	331	0.005	0.007	0	0.044
人均GDP（元/人）	289	56543	51879	10135	493052
在岗职工平均工资（元）	285	54029	11625	4958	114582
第三产业增加值/第二产业增加值	288	0.963	0.476	0.352	4.035
社会消费品零售总额（亿元）	288	1010	1360	54.947	10300
固定资产投资占比	288	0.870	0.304	0.186	2.038
人口密度（人/平方公里）	289	433.342	338.110	5.770	2501.140
2000年高校数量（所）	344	37.512	19.057	0	70

第四节 实证分析

一、人力资本积累与空间集聚

（一）OLS回归

表4-3是根据式（4.1）进行的2000年在校大学生占地区人口的比例与2005年和2015年城市大专及以上学历劳动年龄人口占比的OLS回归结果，将

2005 年视为短期效应，2015 年视为长期效应。考虑到异方差的影响，结果均采用了稳健标准误。其中，（1）、（3）列为基准回归，仅仅控制了省级宏观特征，（2）、（4）列为控制了经济发展水平、工资水平、产业结构、市场规模和人口密度的结果。

表 4-3　OLS 回归结果

项目	2005 年相对 2000 年短期		2015 年相对 2000 年长期	
	（1）	（2）	（3）	（4）
2000 年在校大学生占比	0.781 ***	0.582	2.593 ***	1.521 ***
	(0.209)	(0.366)	(0.270)	(0.394)
人均 GDP		0.005		0.021 ***
		(0.004)		(0.005)
产业结构		0.003		0.004
		(0.006)		(0.009)
在岗职工平均工资		0.011		0.020
		(0.011)		(0.014)
社会消费品零售总额		0.001		0.006 **
		(0.003)		(0.002)
人口密度		-0.000 **		-0.000
		(0.000)		(0.000)
省份	Y	Y	Y	Y
常数项	0.052 ***	-0.101	0.087 ***	-0.318 **
	(0.007)	(0.104)	(0.009)	(0.143)
观测值	331	258	327	258
R^2	0.351	0.400	0.545	0.713

注：括号中为稳健标准误；$^{*}\,p < 0.1$，$^{**}\,p < 0.05$，$^{***}\,p < 0.01$；下同。

由此可以看出，在短期效应中，未增加控制变量的回归结果是显著的，增加控制变量后变得不再显著。后两组的结果显示，长期效应均为显著，就表 4-3 中（4）列来说，在控制了城市层面的特征后，城市在校大学生占比每增加 1 个百分点，15 年后人力资本占比的增量就会上升 1.52 个百分点。从时间趋势来看,能够发现本地人才培养规模对城市高水平人力资本集聚的作用在短期和长期有所不同,长期来看,人才培养的循环累积效应更为凸显。控制变量的系数说明随着时间的推移,经济发展水平、市场规模等因素均对高学历人力资本的集聚起到向心力的作用。

以上结果说明,人力资本原始积累水平越高,越有利于后期人力资本的集聚,尤其从长远来看效应更加明显。一个地区人才培养规模对未来该地区人力资本集聚的作用在短期内可能无法完全显现。这既可能是因为模型存在内生性问题,也可能是人力资本的外部性得到释放并扩散需要较长的时间,而短期内地区经济发展水平、工资水平、就业结构等均发生了日新月异的改变,这些因素在吸引人才方面的作用更强。尤其是我国的市场经济越来越成熟,经济发展水平处于高速增长的阶段,人力资本的自由流动限制逐渐放宽,对教育的重视程度逐渐增强,这些都可能使短期内人力资本原始积累效应被削弱。而人力资本原始积累的长期效应更为显著。

(二) 两阶段最小二乘 (2SLS) 回归

在上述的 OLS 回归中,最重要的假定是解释变量是外生的,即解释变量与误差项不相关,但现实世界各种经济主体之间存在千丝万缕的联系,使该假定难以得到满足,即使控制了部分变量,仍然可能存在遗漏变量、互为因果等内生性问题,难以反映出自变量和因变量之间的真实关系。从实际情况来看,一个城市的人力资本集聚度高,很可能是该地区气候适宜,地理位置优越或地区舒适性较高使人们愿意前往该地定居;也可能是该城市教育及医疗等公共设施完善,生活便利,文化环境较好等,这会导致自变量与误差项存在相关(You H & Bie C,2017;Bereitschaft B & Cammack R,2015;Liu Y & Shen J,2014;Murphy E & Redmond D,2009;Graves P E,1976)。为了解决内生性问题,本节利用工具变量法采用两阶段最小二乘(2SLS)进行估计。借助 Glaeser 和 Lu (2018) 使用的 1952 年高校院系调整数据中的高校数量作为地区大学生占比的工具变量。夏怡然和陆铭(2019)在研究大学生数量对地区劳动力流入的关系中使用了此数据中的院校净迁入数量作为大学生占比的工具变量。本研究选择的是地区高校数量而不是净迁入数量，因为城市高校数量直接影响到该城市的大学生人数，经历高校扩招后，各类高校的招生规模均在不同程度上扩大，在绝对量上有了质的增加。因此，选择 1952 年的高校院系调整后城市拥有的高校数量作为城市在校大学生占比的工具变量更加适合。建立以下模型：

$$colleshare_{i,t} - colleshare_{i,2000} = \alpha_0 + \beta_0 collegestu_{i,2000} + \gamma_0 X_{i,t} + \varepsilon_{i,t} \quad (4.1)$$

第一阶段： $collegestu_{i,2000} = \alpha_2 + \beta_2 university_{i,1952} + \gamma_2 X_{i,t} + \varepsilon_{i,t} \quad (4.4)$

其中，式（4.4）为第一阶段的回归方程，$collegestu_{i,2000}$ 为 i 城市 2000 年时的在校大学生占比，$university_{i,1952}$ 为 1952 年时 i 地区的高校数量，其他变量与上文解释相同。第二阶段回归方程即为式（4.1）。

表 4-4 是利用工具变量进行 2SLS 回归的结果，表格上半部分的 Panel A 为一阶段回归结果。（1）、（2）列为短期效应，（3）、（4）列为长期效应。同样，仍然选择逐渐增加城市层面控制变量的方式，工具变量是 1952 年的城市高校数量，不随时间变化而改变，但因地区不同而不同，因此并不控制城市个体的固定效应，而是所有回归结果均控制了省级固定效应。

表 4-4 2SLS 回归结果

项目	2005 年相对 2000 年短期		2015 年相对 2000 年长期	
	(1)	(2)	(3)	(4)
Panel A	因变量：在校大学生占比			
1952 年高校数量	0.002 ***	0.002 ***	0.002 ***	0.002 ***
	(0.000)	(0.000)	(0.000)	(0.000)
F 检验	216.64	75.85	213.29	75.85
Panel B	因变量：大专及以上学历劳动年龄人口占比增量			
在校大学生占比增量	1.190 ***	1.205 ***	3.701 ***	3.129 ***
	(0.282)	(0.329)	(0.324)	(0.452)

续表

项目	2005 年相对 2000 年短期		2015 年相对 2000 年长期	
	(1)	(2)	(3)	(4)
人均 GDP		0.005		0.01[*]
		(0.005)		(0.006)
产业结构		−0.005		−0.009
		(0.006)		(0.009)
在岗职工平均工资		0.001		0.024[***]
		(0.007)		(0.008)
社会消费品零售总额		−0.003[***]		−0.001
		(0.001)		(0.001)
人口密度		−0.000[**]		−0.000[*]
		(0.000)		(0.000)
省份	Y	Y	Y	Y
常数项	0.005	0.011	0.042[***]	−0.236[***]
	(0.007)	(0.059)	(0.005)	(0.062)
观测值	331	258	327	258
R^2	0.067	0.191	0.321	0.529

在（1）列的基准回归中，一阶段的系数依然显著为正，而且弱工具变量的 F 值检验均高于 10，不存在弱工具变量问题。第一阶段回归的系数为 0.002，表示 1952 年的高校数量每增加一所，2000 年的大学生占比会提高 0.002 个百分点。此时，第二阶段的核心解释变量相比 OLS 回归结果来说，系数和显著性均有所提高。在模型（2）控制了城市层面特征变量后，2000 年在校大学生占比的系数为 1.205，说明如果 2000 年本地培养的大学生占地区总人口的比例每增加 1 个百分点，则 2005 年与 2000 年地区高水平人力资本比例的增量就会提高 1.205 个百分点。而 2015 年与 2000 年高水平劳动年龄人口比例的增加值会上升 3.129 个百分点。可见，无论从长期还是短期来看，本地人才培养规模确实对未来人力资本流入和集聚有着较大的影响。

从控制变量来看，（4）列中，人均 GDP 和在岗职工平均工资水平的系数均为正，说明地区经济发展水平和工资水平对于高水平人力资本来说有着较强的正向吸引。而人口密度的系数虽然很小，但方向为负。这在一定程度上反映了较高的人口密度对于高学历劳动人口来说，可能意味着拥挤、环境污染以及生活不便等，因而对人力资本集聚的作用是负向的。

二、高校扩招与空间集聚

经过上文的分析可以发现，本地人才培养规模对未来本地人力资本集聚的作用十分明显，尤其是长期的影响。高校扩招直接导致地区人力资本的增加对地区人力资本积累产生十分重要的影响，因而有必要对高校扩招进行探究。本节将根据式（4.2）、式（4.3）进行以人均扩招增量作为核心解释变量的实证分析。同样加入 1952 年的高校数量作为工具变量进行 2SLS 回归。结果如表 4-5 所示，（1）列为仅控制了城市固定效应的基准回归，（2）列为增加控制变量的回归结果。

表 4-5　高校扩招增量与人力资本集聚

项目	2005 年相对 2000 年短期		2015 年相对 2000 年长期	
	（1）	（2）	（3）	（4）
	OLS	IV	OLS	IV
人均扩招增量	4.168*	8.328***	7.830***	22.951***
	(2.216)	(2.731)	(2.552)	(4.259)
人均 GDP	0.008	0.004	0.023***	−0.001
	(0.006)	(0.007)	(0.006)	(0.012)
在岗职工平均工资	0.003	−0.003	0.012	0.024*
	(0.012)	(0.006)	(0.017)	(0.013)
产业结构	−0.001	−0.009	0.011*	−0.027
	(0.006)	(0.009)	(0.006)	(0.017)
社会消费品零售总额	−0.000	−0.002**	0.009***	0.002
	(0.003)	(0.001)	(0.003)	(0.002)

续表

项目	2005 年相对 2000 年短期		2015 年相对 2000 年长期	
	(1)	(2)	(3)	(4)
	OLS	IV	OLS	IV
人口密度	−0.000	−0.000	0.000	0.000
	(0.000)	(0.000)	(0.000)	(0.000)
省份	Y	Y	Y	Y
常数项	−0.051	0.043	−0.315**	−0.179*
	(0.113)	(0.064)	(0.140)	(0.095)
F 检验		44.80		44.80
观测值	200	200	200	200
R^2	0.480	0.273	0.773	0.415

从表中可以看出，人均扩招增量系数均显著为正，并且加入工具变量后，系数明显扩大。从短期效应来看，2000 年人均扩招增量每增加 1 个百分点，在 5 年后大专及以上学历的劳动年龄人口比重的增加值将提高 4.168 个百分点，加入工具变量后增加为 8.328 个百分点。而长期影响显示，2000 人均扩招增量每增加 1 个百分点，劳动年龄人口中大专及以上学历的人口比重在 2015 年的增加值将提高近 8 个百分点，加入工具变量后提高近 23 个百分点。

正如前文所述，人力资本在地理空间上的集聚源于人力资本的外部性，从城市层面来说，主要通过本地人才供给和外地流入。从个体层面则是该地区个体受教育机会的增加。而高校扩招导致城市人力资本集聚的内在逻辑也可以从两个角度理解。从宏观上看，高校扩招直接增加了城市高等教育在校生人数占比，这使得城市高等院校成为未来高水平人力资本的孕育摇篮。从微观上看，城市高校扩招面向本地的幅度较大，这增加了本地学生接受高等教育的机会，为本地人才培养提供了契机。已有研究证明了高等教育扩招增加了个体的受教育机会。高校扩招政策将全国生均高等教育机会增加了 0.61 个名额，将我国居民的平均受教育年限延长了 1.13 年（候玉娜、邓宁莎，

2018)。不同于发达国家，我国的高校扩招并没有导致个体教育收益率的下降，甚至有正向的影响（方长春，2019）。这使得个体更加愿意接受高等教育，这部分群体进入劳动力市场后就构成了高水平人力资本。

由此证明了高校扩招增强了地区人力资本的集聚程度。高校扩招对于地区大学生供给的影响是史无前例的，来自政策的冲击增强了2000年后本地人才培养规模对劳动年龄人口中高水平人力资本集聚的效应。夏怡然和陆铭（2019）用2010年的劳动力流入量对2000年的大学生数量进行回归，发现2000年大学生数量每增加1万人，2010年的劳动力流入量就会上升1.6万人。另外，从上文可知，1999—2010年是高校扩招的扩张期，招生规模的增速较快，尤其在2005年前基本保持在10%以上，大学生数量的增加直接导致城市新就业人口中高水平劳动力的上升，对城市未来人力资本集聚具有重要作用。长期效应更加验证了人力资本集聚的累积循环效应，人才培养规模越大越有利于地区人力资本的积累，而积累水平越高越有利于发挥人力资本的外部性，吸引更多人才流入，从而实现地区人力资本集聚的自我强化。由此，就不难理解为何北京、上海、广州等地区始终是人力资本集聚的高值极点。

三、分区域回归

为了验证假设2高校扩招的冲击通过高等教育资源分布不均导致人力资本空间集聚，高校扩招增加的人力资本在教育资源不同的地区之间的分配是不平衡的，有无高校，高校多少等均是影响扩招效应的重要条件。下面分析人力资本集聚的空间异质性。按照东、中、西部划分区域，分地区对大专及以上学历在校生人口占比和高校扩招增量进行回归，同样加入上文的工具变量。回归结果见表4-6，模型前三列为东、中、西地区的短期效应，后三列为长期效应。

表 4-6　分区域工具变量回归

项目	2005 年相对 2000 年短期			2015 年相对 2000 年长期		
	东部	中部	西部	东部	中部	西部
在校大学生占比	1.703**	1.261*	0.668	3.535***	4.008***	3.357***
	(0.575)	(0.600)	(0.754)	(0.716)	(0.999)	(0.713)
人均 GDP	−0.003	0.004	0.005	0.015**	0.001	−0.008
	(0.006)	(0.009)	(0.009)	(0.006)	(0.010)	(0.014)
产业结构	0.024*	0.004	−0.001	0.039***	−0.013	0.030
	(0.011)	(0.013)	(0.007)	(0.011)	(0.022)	(0.020)
在岗职工平均工资	−0.013	0.003	−0.003	−0.029**	−0.007	−0.010
	(0.010)	(0.017)	(0.008)	(0.012)	(0.013)	(0.009)
社会消费品零售总额	−0.001	−0.002	−0.008*	−0.000	−0.003	−0.008*
	(0.001)	(0.004)	(0.004)	(0.003)	(0.004)	(0.004)
人口密度	−0.000	−0.000**	0.000	−0.000	−0.000**	−0.000*
	(0.000)	(0.000)	(0.000)	(0.000)	(0.000)	(0.000)
省份	Y	Y	Y	Y	Y	Y
常数项	−0.158	−0.022	0.091	−0.410***	0.211	−0.043
	(0.113)	(0.151)	(0.123)	(0.114)	(0.211)	(0.170)
F 检验	34.35	21.30	41.14	34.35	21.30	41.14
观测值	92	59	98	92	59	98
R^2	0.302	0.307	0.152	0.701	0.431	0.411

　　就东部地区来说，加入工具变量后的回归结果显示，2000 年大专及以上学历人口占比增加 1 个百分点，则 2005 年东部地区的大专及以上学历劳动人口占比增量会提高 1.70 个百分点。在中部地区大专及以上学历在校生人口占比每增加 1 个百分点，该地区后期的大专及以上学历劳动人口占比增量就会增加近 1.26 个百分点。西部地区为 0.67 个百分点。总体看来，在短期效应中，东部地区的在校大学生占比系数最高，中部地区次之，相对来说，西部地区的系数较低。这一结果反映出，西部地区本地人才培养规模对人力资本

积累和吸引人才流入的作用更小，更可能是人力资本流失的地区。此外，前文关于人力资本水平空间分布的分析中显示东部地区人力资本分布比较集中于沿海城市并且在这些地区有扩散的趋势，尤其长三角地区，这些地区产业结构优化升级较快，相应的劳动力市场对人力资本的需求变革也较快，能够让高技能人才有用武之地，因而能在短期内吸引和留住高技能人才。

值得注意的是，在长期效应方面，2000 年大专及以上学历人口占比增加 1 个百分点，则 2015 年东部地区和西部地区的大专及以上学历劳动人口占比增量会提高至少 3 个百分点，中部地区超过 4 个百分点，相差并不明显。这在一定程度上说明了人才培养对人力资本集聚的长期效应在东、中、西部地区均很显著，尤其在中部地区，更加说明了落后地区发展教育、培养人才对地区长期发展的重要性。

表 4-7 是分区域高校扩招与城市人力资本集聚的面板数据回归结果。整体看来，东、中、西部地区人均扩招增量对地区人力资本水平增量在短期和长期的作用均显著为正。短期效应中，东部地区人均扩招增量增加 1 人能够带来人力资本占比增量上升 12 个百分点，在 5% 的水平上显著；西部地区是 9.76 个百分点，在 10% 的水平上显著；中部地区为 6.17 个百分点，但不显著。从长期效应中可以看出，东、中、西部地区系数均明显扩大，显著性也明显增强。2000 年，人均扩招增量增加 1 人能够使东部地区人力资本占比增量上升 27 个百分点；中部地区上升 22 个百分点，西部地区上升 35 个百分点。

表 4-7　分区域高校扩招工具变量回归

项目	2005 年相对 2000 年短期			2015 年相对 2000 年长期		
	东部	中部	西部	东部	中部	西部
人均扩招增量	12.185**	6.167	9.756*	27.232***	22.161***	35.339**
	(4.903)	(5.750)	(4.459)	(5.279)	(6.317)	(13.375)
人均 GDP	−0.002	0.003	0.005	0.011	−0.014	−0.044
	(0.010)	(0.013)	(0.014)	(0.015)	(0.017)	(0.032)

续表

项目	2005 年相对 2000 年短期			2015 年相对 2000 年长期		
	东部	中部	西部	东部	中部	西部
在岗职工平均工资	0.014	−0.005	−0.012	0.021	0.032	−0.077
	(0.013)	(0.007)	(0.033)	(0.017)	(0.019)	(0.090)
产业结构	−0.028	−0.004	−0.002	−0.071 **	−0.007	−0.078 *
	(0.018)	(0.010)	(0.029)	(0.023)	(0.008)	(0.037)
社会消费品零售总额	−0.000	−0.008	−0.005	0.002	−0.002	0.019 *
	(0.001)	(0.005)	(0.005)	(0.002)	(0.005)	(0.009)
人口密度	−0.000	0.000	−0.000	0.000	−0.000	0.000
	(0.000)	(0.000)	(0.000)	(0.000)	(0.000)	(0.000)
省份	Y	Y	Y	Y	Y	Y
常数项	−0.078	0.152	0.160	−0.223 **	−0.103	0.921
	(0.120)	(0.138)	(0.305)	(0.077)	(0.123)	(0.775)
F 检验	15.10	15.10	15.10	15.10	15.10	15.10
观测值	79	73	40	79	73	40
R^2	0.284	0.225	0.426	0.667	0.475	0.133

　　这是因为中西部地区经济发展水平落后，教育资源匮乏，本地人才培养的规模较少，且人才流失较为严重，短期内即使受益于高校扩招政策，更多的人接受了高等教育，但同时他们的流动能力也相应增强，很可能流入东部发达地区。而东部地区经济发展水平较高，教育资源原本就充足，那些拥有更多高校的城市，本地培养的高技能人才更多，而对于拥有高校资源少的城市来说，也因为地处东部地区，凭借优越的地理位置、经济发展水平等其他的因素吸引了大量外地人才流入。而长期效应则再一次证明落后地区要加大教育投资，培养人才，实现人力资本积累，扩大人力资本积累与集聚的循环累积效应。

四、稳健性检验

(一) 将城市大专及以上学历劳动年龄人口占比增量替换为区位熵指数

前文所述的地区人力资本集聚变量是不同时期城市大专及以上学历劳动年龄人口占城市非在校劳动年龄人口的比例的增量，现将被解释变量换成区位熵指数，即市级大专及以上劳动年龄人口占全市劳动年龄人口比例与全国大专及以上劳动年龄人口占全国劳动年龄人口比例的比值。区位熵指数能够衡量城市人力资本集聚程度在全国的位次，也就是相对于全国平均水平来说，城市人力资本的集聚程度，反映了人力资本集聚程度在地区之间的差异。同样以 2005 年和 2015 年地区的区位熵指数对 2000 年在校大学生占比和 2000 年人均扩招增量进行回归。

表 4-8 是 2000 年在校大学生占比对区位熵指数的回归结果，均控制了省份固定效应。从表中可以看出，OLS 和 IV 回归中城市 2000 年在校大学生占比的系数显著为正。首先，前两列为短期效应，OLS 的回归系数为 32.886，IV 的系数为 60.860，说明了 2000 年本地人才培养规模越高的城市相对全国其他城市来说，在未来 5 年的人力资本集聚程度也会越高，即城市人才培养规模对未来城市人力资本集聚在全国的排名来说，效应十分显著。其次，从长期效应来看，OLS 的回归系数为 22.736，IV 的系数为 41.979。表 4-9 是 2000 年人均扩招增量对区位熵指数的回归结果，总体趋势和表 4-8 一致，不同于前文的是，长期效应的系数比短期效应均稍低。原因在于这里的区位熵指数并不是增量，区位熵指数衡量集聚是一种相对意义上的集聚，是横向的比较，反映了地区之间的差异。该结果反映了地区内人力资本原始积累水平的提升在短期可能扩大人力资本集聚的差异，但长期来看，这种差异会因为人口流动而减小。分区域回归显示，长期效应相对较低的仅仅为东部地区，而中西部地区依然长期效应更大 (见附表 4-2)。

表 4-8 2000 年在校大学生占比对区位熵指数的回归结果

项目	2005 年相对 2000 年短期		2015 年相对 2000 年长期	
	OLS	IV	OLS	IV
2000 年在校大学生占比	32.886 ***	60.860 ***	22.736 ***	41.979 ***
	(4.347)	(11.923)	(3.178)	(4.980)
人均 GDP	0.355 ***	0.418 ***	0.374 ***	0.363 ***
	(0.070)	(0.090)	(0.024)	(0.040)
产业结构	0.051	−0.080	0.174 *	0.072
	(0.154)	(0.112)	(0.099)	(0.090)
在岗职工平均工资	0.079	0.104	0.165 ***	0.121 **
	(0.065)	(0.075)	(0.053)	(0.044)
社会消费品零售总额	−0.029	−0.190 ***	0.026	−0.068 **
	(0.031)	(0.032)	(0.030)	(0.027)
人口密度	−0.000 *	−0.000	0.000	−0.000
	(0.000)	(0.000)	(0.000)	(0.000)
省份	Y	Y	Y	Y
常数项	−1.612	−0.030	−5.440 ***	−3.050 ***
	(1.171)	(0.969)	(0.982)	(0.946)
F 检验		62.59		62.59
观测值	273	273	274	274
R^2	0.797	0.609	0.883	0.781

表 4-9 2000 年人均扩招增量对区位熵指数的回归结果

项目	2005 年相对 2000 年短期		2015 年相对 2000 年长期	
	OLS	IV	OLS	IV
人均扩招增量	217.741 ***	355.766 ***	132.902 ***	257.574 ***
	(18.070)	(42.587)	(21.157)	(27.872)
人均 GDP	0.301 ***	0.244 ***	0.291 ***	0.227 ***
	(0.089)	(0.053)	(0.049)	(0.042)

续表

项目	2005 年相对 2000 年短期		2015 年相对 2000 年长期	
	OLS	IV	OLS	IV
产业结构	−0.078	−0.166*	0.300*	0.085
	(0.199)	(0.097)	(0.147)	(0.110)
在岗职工平均工资	0.050	0.061	0.171**	0.006
	(0.072)	(0.074)	(0.062)	(0.050)
社会消费品零售总额	0.015	−0.060**	0.095***	0.054*
	(0.036)	(0.028)	(0.033)	(0.027)
人口密度	−0.000	0.000	0.000*	0.000
	(0.000)	(0.000)	(0.000)	(0.000)
省份	Y	Y	Y	Y
常数项	−0.817	0.618	−7.395***	−3.590***
	(1.590)	(0.809)	(1.424)	(1.092)
F 检验		42.66		43.17
观测值	200	200	198	198
R^2	0.840	0.738	0.898	0.817

(二) 去除直辖市后，高校扩招增量与城市人力资本水平

前文的分析中，使用的是所有城市进行的回归，众所周知，北京、天津、上海以及重庆四个直辖市相对来说，高校数量较多，本地人才培养的规模也较大。因而为了进一步检验高校扩招增量与城市人力资本集聚的结果，下面将四个直辖市删除再进行回归。从表 4-10 中可以看出，回归系数的总体趋势没有变化，依然能够证明高校扩招对于城市人力资本积累的重要影响。

表 4-10　去除直辖市回归

项目	2005 年相对 2000 年短期		2015 年相对 2000 年长期	
	OLS	IV	OLS	IV
人均扩招增量	4.168 *	6.958 ***	7.830 ***	18.399 ***
	(2.204)	(2.301)	(2.538)	(2.892)
人均 GDP	0.008	0.005	0.023 ***	0.002
	(0.006)	(0.006)	(0.006)	(0.009)
产业结构	-0.001	-0.007	0.011 *	-0.022 *
	(0.006)	(0.007)	(0.006)	(0.013)
在岗职工平均工资	0.003	-0.005	0.012	0.015
	(0.012)	(0.006)	(0.017)	(0.013)
社会消费品零售总额	-0.000	-0.000	0.009 ***	0.010 **
	(0.003)	(0.003)	(0.003)	(0.004)
人口密度	-0.000	-0.000	0.000	-0.000
	(0.000)	(0.000)	(0.000)	(0.000)
省份	Y	Y	Y	Y
常数项	-0.076	0.030	-0.411 ***	-0.227 **
	(0.119)	(0.069)	(0.143)	(0.089)
F 检验		52.29		52.29
观测值	197	197	197	197
R^2	0.450	0.237	0.753	0.469

第五节　本章小结

　　本章使用人口普查数据和统计数据从人力资本供给和积累的角度分析了城市人力资本集聚的原因。同时，证明了前文的两个假设，地区人力资本积累对于未来高水平人力资本的集聚起到促进作用，高校扩招因为扩大了本地人才培养的规模而促进了人力资本集聚，尤其在中西部地区发挥着至关重要的作用。

从人力资本积累的角度，回归结果显示大专及以上学历在校生人数占比每增加1个百分点，在短期内，城市劳动年龄人口中大专及以上学历人口的比例的增量就会增长1.21个百分点。分区域来看，地区人才培养规模的作用则是东部较高，中西部地区相对要弱。这在一定程度上反映出，中西部地区人才培养规模对人力资本积累和吸引人才流入的作用更小，更可能是人力资本流失的地区。而在长期看来，大专及以上学历在校生人数占比每增加1个百分点，城市劳动年龄人口中大专及以上学历人口的比例就会增加3.13个百分点。东部地区和西部地区的大专及以上劳动人口占比增量会提高至少3个百分点，中部地区会提高4个百分点左右，相差并不明显。这反映了东部地区则能够凭借发达的经济、优化的产业结构、健全的社会保障及良好的基础设施在短期内留住人才，在长期内吸引人才，实现人力资本集聚的自我强化。而从前文人力资本空间分布的描述性分析可知，中西部地区始终是人力资本集聚的低值区，人才流失严重。因而，加大中西部地区人才培养对地区人力资本积累和长远发展更加重要。

从高校扩招的作用来看，人均扩招增量每增加1人，劳动年龄人口中大专及以上学历的人口比重在短期内的增加值将提高4.17个百分点，加入工具变量后增加为8.33个百分点。在区域分布上同样是东部地区最高，西部地区次之，而中部地区并不显著。长期影响显示，人均扩招增量每增加1人，劳动年龄人口中大专及以上学历的人口比重的增加值将提高近8个百分点，加入工具变量后提高近23个百分点。在区域分布上则西部地区的长期效应最为显著。这是我国教育资源分布不均衡的结果，中西部地区经济发展水平相对落后，教育资源匮乏，地区人才培养的规模较小，短期内即使受益于高校扩招政策，更多的人接受了高等教育，但同时他们的流动能力也相应增强，使中西部地区沦为人才流失的区域。但长期效应也在一定程度上说明了落后地区更应发展教育、培养人才，这对地区的长期可持续发展更为重要。

　　地区人才培养规模和高校扩招对于城市人力资本集聚产生重要影响。其根本原因是人力资本的外部性，因为存在人力资本外部性，地区才更愿意发展教育，培养人才，发展经济，吸引人才。反过来，地区高技能人才越多，越有利于促进地区创新和经济发展。二者相辅相成，互相促进。对于个人来说，人力资本的外部性使高水平人力资本更偏好于流入人力资本水平较高的城市，从而使城市人力资本发生集聚。另外，经济发展水平、地区产业结构、工资水平、市场规模以及人口密度等均是影响人力资本集聚的重要因素。

　　总体来看，当前我国人力资本空间集聚与不均衡，是能够通过发展教育，扩大地区人才培养规模，促进人力资本积累来缓解的。但应注意的是，人力资本积累与集聚之间的循环累积效应的实现是与经济发展、产业结构优化升级、就业条件改善等密切相关的，否则，即使人力资本的供给增加，也难以避免人才的流失。因而，实现地区人力资本长期均衡发展，需要增加供给和提高吸引力双管齐下。

第五章

人力资本空间集聚对城市
劳动技能结构分化的影响

　　一个城市人力资本集聚的途径有两条：一是城市本身的人力资本积累，二是外部人力资本流入。前文的研究证明城市人力资本的供给和原始积累是人力资本集聚的重要途径，在积累和集聚的循环累积效应下，人力资本集聚存在自我强化的趋势，即人力资本集聚的热点区会吸引更多的人才流入，从而形成集聚在这些地区极化。而人力资本集聚达到空间均衡有两个重要表现，一方面表现在不同城市的实际收入趋同。研究发现，当前不同地区人力资本的收入差距依然较大，尤其高技能人群（Xing，2016）。另一方面是人力资本技能结构的优化，即实现高低技能互补（夏怡然等，2020）。随着科学技术的迅猛发展，第四次工业革命悄然而至。技术进步引发的生产效应和替代效应改变了劳动力市场的需求，那些拥有较高技能和人力资本水平的人才更受偏爱。新技术的应用使大量常规性、重复性的工作需求减少，而创造性强的高技能工作岗位却越来越多（Acemoglu et al.，2019；Arntz M et al.，2016；Goos et al.，2007）。分工将产品的生产过程进行分解，使大量工作能够由机器来完成，以提高生产效率，按照劳动者的技能水平来分配工作岗位，劳动力市场上的技能结构也因此而出现分化（赖德胜等，2020）。从当前我国城市的人才吸引政策来看，北京、上海、广州、深圳等超大城市均制定了积分落户政策，旨在吸引高水平人才的流入，不少新一线城市如西安、武汉、杭州等也纷纷加入"抢人大战"，推出落户、购房补贴、社会保障互认等大量优惠政策吸引高技能人才，这可能在一定程度上起到了缓解我国人力资本在少数大城市集聚极化的作用，但也可能进一步加剧相对落后地区人力资本的流失。

　　因而，本章将从城市劳动技能结构的角度继续探究城市人力资本集聚的空间均衡状况，旨在回答城市高技能劳动者集聚区是否也能吸引更多低技能劳动者流入；一个地区的人力资本水平与周围地区是否存在空间相关性，即人力资本集聚在地区之间是否存在空间外溢效应。后文安排如下：第一部分为文献回顾与理论机制分析，第二部分为特征性事实，第三部分是模型设计与描述性统计，第四部分是实证分析，最后是小结。

第一节　文献回顾与理论机制分析

　　当前，我国区域间、省份间、城乡间的发展差距较大，人力资本在地区间的分布也呈现较为明显的集聚态势。城市规模越大，市场范围越大，进而分工越精细，劳动力市场对劳动者技能水平的需求也呈现多样化和专业化并存的格局，尤其近年来的"机器换人"现象，技术进步产生的替代效应使部分不能适应变革的劳动者被淘汰。替代效应在那些常规性任务的工作岗位更容易发生。欧美国家早在20世纪就出现了高低技能劳动者的就业更高，而中等技能的劳动者被挤出的"U"形就业极化现象（Acemoglu，1999）。研究表明，机器人的引入对于大学以上受教育程度工人的工资影响是正向的（George et al.，2019）。这种劳动力市场中的就业极化现象在城市中则表现为不同技能水平人才之间的互补，从而推动城市劳动技能结构的分化。在发达国家，城市劳动技能水平与城市生产力水平之间联系密切。1970年，教育水平较高的地区，收入水平却很低，如波士顿和明尼阿波利斯，但在后来的几十年中，教育水平较高的城市得以迅速发展，因为技术提高了高技能水平人群的收入，从而技能水平较高的城市也得以复兴（爱德华·格莱泽，2012）。城市技能结构的地区差异源自两个方面：一是本地的人力资本积累，二是人口的结构性流动（申广军等，2017）。Berry和Glaeser（2005）对初始人力资本水平较高的城市能够吸引更多的高水平人力资本进行了理论模型的解释，其假定是一个地区的企业家数量是该地区技术型人员的函数，企业家在最开始的一段时间内是相对固定的，需要雇佣高技能型人才，从而说明这些城市初始时期高技能人才的流入机制。随着时间的推移，这些地区的发展会越来越好，与之相伴的是高房价等生活成本的上升，从而导致低技能人群因为无法支付高昂的成本而迁移到其他地区，由此形成了人力资本水平更高的城市吸引了更多高水平人力资本的到来。城市自身人才供给确实能够增加本地的高水平人力资本，但随着全国深化改革和扩大开放的推进，人口自由流动的限制不断降低，尤其是高技能人才流动性增强，人力资本的外部性使外来人才流入成为地区人力资本空间集聚的主要来源。研究显示，城市拥有大学学历的人每增加1万人，则城市将吸引2.16万外来人口流入（夏怡然、陆铭，2019）。彭树宏（2016）发现大城市存在较为显著的工资溢价，高技能劳动者和低技能劳动者均会从中受益，而且低技能劳动者会从高技能劳动者的溢出效应中受益（王珍珍、穆怀中，2018）。Moretti（2004）估计，城市中大学生比例增加1个百分点，则高中辍学者的工资增加约1.9%，高中毕业生的工资增加1.6%。陆铭（2016）认为，高技能者的集聚能够使得低技能者受益的原因在于劳动分工、人力资本外部性和消费的外部性。因为分工深化导致生产过程进一步细化，使不同技能的人被配置到不同的岗位，从而发生技能互补；人力资本的外部性会使高技能者周围的劳动力生产率得以提高，因而吸引低技能劳动者的靠近；消费的外部性是指高技能者因为机会成本的存在，而将一些常规性活动如家务劳动等外包给低技能者来完成。其研究显示，城市本科及以上学历的高技能人员比例每增加1个百分点，低技能者的工资会增加超过7个百分点（梁文泉、陆铭，2015）。对于一个城市来说，既需要从事研究开发的技术性人员，也不能缺少保洁维修等服务性人员。因此，城市会出现高低技能互补的现象。

在新经济地理学理论中，人力资本在空间集聚的解释是中心—外围理论（Krugman，1991）。该理论认为人力资本是可以自由流动的，并且产品市场存在垄断竞争和规模报酬递增的特点，一旦某地市场规模扩大，考虑到区位优势，企业会不断在此集聚，而这些地区也因为商品丰富、价格效应等吸引人力资本流入该地，从而进一步扩大市场规模。循环往复，在规模经济效应的影响下，形成了中心—外围模式。同时，随着集聚的增加，城市规模达到一定程度后，会产生拥挤效应，导致人力资本集聚度下降（余运江、高向东，2017）。因而，城市的人力资本集聚源于两种力量——离心力和向心力的共同作用。本地市场规模、生活成本、知识溢出以及产业集聚等均是影响人力资本集聚的重要因素（Head & Mayer，2006；Moretti，2004；蔡武、吴国兵等，2013）。来自地理经济学的研究表明，人力资本在不同地区间具有空间相关性。不仅如此，邻近地区的经济社会环境也会影响本地对人力资本的吸引力（Gonul et al.，2019）。

综上所述，人力资本空间集聚对城市劳动技能结构分化的影响机制在于人力资本的外部性导致城市高低技能的互补，集聚效应的存在不仅吸引了高技能劳动者，也促进了低技能劳动者的流入；而随着城市规模的扩大，生活成本的提高，拥挤效应产生，又促使低技能者向外迁移。这两种力量相互作用，从而影响城市的劳动技能结构。

第二节　人力资本空间集聚与分布差异

高校扩招后，我国高中以上学历劳动者比重不断上升，高等教育事业的发展更是突飞猛进。图 5-1 是根据 2000 年和 2010 年的全国人口普查数据以及 2005 年和 2015 年全国的 1%人口抽样调查数据的样本数据画出的城市劳动年龄人口受教育程度占比情况。同前文，劳动年龄人口的定义依然是 16～60 岁的非在学人口。整体来看，劳动年龄人口受教育程度的差距在不断缩小，相比 2000 年，2015 年初中及以下学历劳动者占比降低了约 10 个百分点，大专及以上学历劳动者占比则上升了 7 个百分点。现有研究多以学历来划分劳动技能水平（申广军等，2017；梁文泉等，2015），如果将受教育程度在初中及以下的人定义为低技能者，高中学历定义为中等技能者，大专及以上学历定义为高技能者的话，可以看出我国总体的低技能人口占比在不断下降，而中等和高技能人口的占比在不断上升。

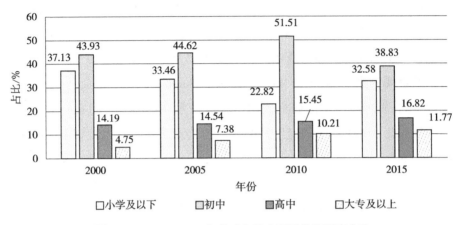

图5-1 2000—2015年劳动年龄人口受教育程度占比

我国劳动年龄人口的教育程度整体有了较大提升，但是在区域内部的不同城市之间各层次的技能人才比例依然存在较大差异。图5-2为2000—2015年，各个学历层次的技能人口占总劳动年龄非在学人口比重的概率密度图，其中横坐标为不同学历人口占劳动年龄人口的比重，纵坐标为概率密度。图5-2（a）为本科及以上学历人口占比及分布，能够看出，这一指标严重右偏，并且随着时间的推移逐渐向右移，峰值逐渐降低，并且向右拖尾严重。这说明城市劳动者整体技能水平在提升，但是分布逐渐趋于分散，仅有较少的城市拥有较高比例的本科及以上学历劳动人口，大多数城市高技能人才的比例较低，城市间的技能结构差异在扩大。从图5-2（b）可以看出，大专水平的技能人才比例在城市间的分布也呈现明显的右偏，且峰值不断降低，相对本科及以上学历的劳动人口占比来说整体趋势是一致的。图5-2（c）显示了中等技能人口的分布，整体看来，随着时间的推移，曲线逐渐向右移动，但峰值基本没有明显的上下起伏，说明我国城市中等技能人才比例整体在提高，并且在城市间的差异较小。而学历在初中及以下的低技能人才占比则呈现较为不同的形态，整体向左偏，且峰值不断下降，这和高技能人才相反，说明我国城市低技能人才比例分布也不均衡，虽然整体的比例在降低，但是分布依然趋于分散，说明在城市间低技能人才的分布差异比较明显。

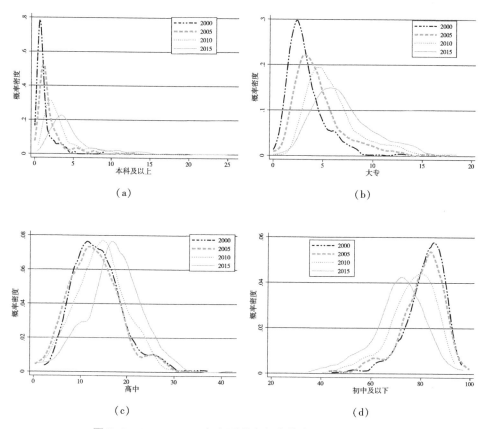

图 5-2 2000—2015 年各受教育程度技能人口比重的分布

图 5-3 以散点图的形式分别展示了城市大专及以上学历技能人才存量与 10 年后城市技能人才占比的关系。从图 5-3，可以看出，10 年前的技能人才占比与 10 年后的技能人才占比呈现明显的正相关关系。拟合线（虚线）的斜率大于 45°线，说明技能人才存量较高的城市在 10 年后技能人才比例提高的速度也更快，尤其是高学历人才这种趋势更加明显。

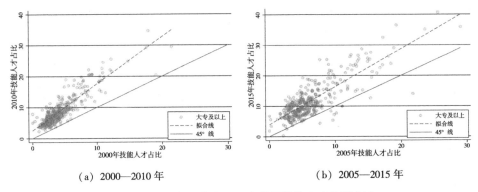

（a）2000—2010 年　　　　　　　　　　　（b）2005—2015 年

图 5-3　不同年份大专及以上学历技能人才比例变动

以上内容呈现了以下几点事实：第一，随着教育事业的发展以及高校扩招政策的实施，我国劳动年龄技能人才整体的教育水平在上升；第二，高技能人才和低技能人才在城市间的分布差异不断扩大，尤其高技能人才呈现在少数城市集聚的态势，而中等技能人才的分布变化较小；第三，城市高技能人才的存量与未来城市高技能人才占比之间存在正相关关系，呈现出高技能人才积累的"马太效应"。

第三节　城市劳动技能结构分化

一、城市高技能与中低技能人力资本水平的关系

在城市中既存在高技能水平的人力资本，也存在中低技能水平的人力资本。高水平人力资本的外部性在吸引高技能人才的同时，对中低技能水平的群体是否也产生了同样的影响？即城市高技能人才与中低技能人才之间是否存在互补关系。

借鉴 Berry 和 Glaeser（2005）的方法，使用 2000 年和 2010 年人口普查数据以及 2005 年和 2015 年的 1% 人口抽样调查数据组成城市层面面板数据进行

回归。解释变量是滞后 1 期的城市劳动年龄人口中高技能人才占比，被解释
变量为高技能人口比重，同前文一致，均去除了在校人口。表 5-1 中，（1）、
（2）列的被解释变量分别为城市劳动人口中大专及以上学历人口占比和城市
劳动人口中本科及以上学历占比，（3）、（4）列的被解释变量为迁入人口中
高技能人才占城市劳动年龄人口的比例。其中，迁入人口包含本省跨市流入
和省外流入。控制变量有人均 GDP、地区产业结构（第三产业增加值和第二
产业增加值之比）以及地区人口密度，并且加入了时间和城市固定效应。从
表 5-1 的回归结果可以看出，前一期的劳动人口大专及以上占比对后来城市
的人力资本水平影响显著为正。五年前，城市的大专及以上学历的技能人口
占比每增加 1 个百分点，五年后，城市大专及以上学历劳动年龄人口占比会
上升 0.13 个百分点，而本科及以上学历的劳动年龄人口占比会上升 0.65 个
百分点。进一步地，能够促进本省外市或省外迁入的大专及以上高技能人口
比例提升 0.2 个百分点。

表 5-1 高技能人力资本回归

项目	大专及以上学历占比	本科及以上学历占比	迁入人口大专及以上学历占比	迁入人口本科及以上学历占比
	(1)	(2)	(3)	(4)
L5. 大专及以上学历劳动人口占比	0.132**	0.654***	0.199***	0.002***
	(0.066)	(0.078)	(0.032)	(0.000)
L5. 人均 GDP	0.013***	0.647**	0.001	0.001
	(0.005)	(0.272)	(0.003)	(0.001)
L5. 产业结构	0.015***	0.847***	0.007**	0.003**
	(0.004)	(0.259)	(0.003)	(0.002)
L5. 人口密度	0.000	−0.000	−0.000	0.000
	(0.000)	(0.001)	(0.000)	(0.000)
年份	Y	Y	Y	Y
城市	Y	Y	Y	Y

续表

项目	大专及以上学历占比	本科及以上学历占比	迁入人口大专及以上学历占比	迁入人口本科及以上学历占比
	(1)	(2)	(3)	(4)
常数项	−0.060	−4.598*	−0.023	−0.011
	(0.046)	(2.619)	(0.028)	(0.012)
观测值	817	817	815	815
R^2	0.934	0.932	0.878	0.869

注：变量中 L5. 表示滞后五年，下同。

表 5-1 显示了城市高技能人力资本占比越高越能够吸引更多的高技能人才，为了探析高技能人力资本水平是否对中低技能人口也存在同样的吸引作用，将被解释变量设定为高中和初中及以下学历人口占劳动年龄人口的比重，分别表征中等技能人口占比和低技能人口占比。同样也计算了迁入人口中二者的比例。解释变量依然为滞后一期城市劳动年龄人口中大专及以上学历人口的比例。表 5-2 为回归结果。（1）列为中等技能比例，可以看出，滞后一期的劳动人口大专及以上占比系数是−34.60，说明高技能人口存量对于城市中等技能人口比例的影响是负向的。（2）列显示对低技能人口的影响并不显著。（3）列中城市高技能人力资本存量对迁入人口中中等技能比例的影响是显著为正的，对迁入人口低技能比例的影响虽是正向的但不显著。这表明城市高技能人才的存量对后期城市中等技能人口占比的作用是挤出的，并不会促进城市本身中等技能人才增长，但对于从其他城市流入的中等技能人才来说还是有一定的推动作用，对低技能人口占比的作用呈现正向的趋势但不够显著，这说明在我国城市高低技能人才之间的互补现象并不明显。

表5-2　中低技能人力资本回归

项目	中等技能比例	低技能比例	迁入人口中等技能比例	迁入人口低技能比例
	(1)	(2)	(3)	(4)
L5. 大专及以上学历劳动人口占比	-34.603***	-0.142	0.103***	0.076
	(5.961)	(9.722)	(0.028)	(0.091)
L5. 人均GDP	-0.746	-0.350	0.004	0.014**
	(0.579)	(0.774)	(0.003)	(0.007)
L5. 产业结构	-0.944*	-0.974	0.002	-0.003
	(0.538)	(0.734)	(0.002)	(0.006)
L5. 人口密度	0.003***	-0.003*	-0.000	-0.000***
	(0.001)	(0.002)	(0.000)	(0.000)
年份	Y	Y	Y	Y
城市	Y	Y	Y	Y
常数项	24.883***	79.935***	-0.026	-0.070
	(5.506)	(7.486)	(0.029)	(0.063)
观测值	817	817	815	815
R^2	0.909	0.948	0.947	0.959

上文反映了我国城市高技能人力资本存量对后期高技能人力资本积累存在正的外部效应，而且迁移人口的数据显示了高技能人才更偏好于流入那些人力资本水平较高的城市，但城市中高低技能的互补关系并不明显。因此，那些高技能人才集聚的地区会在未来吸引更多的高技能人才，拥有更高的人力资本水平，从而在城市间出现技能人才的分化。

二、高技能人力资本集聚度测量

为了进一步探究我国城市劳动人口技能结构的分化情况，下面计算高技能人力资本的差异指数与孤立指数。计算公式是：

$$差异指数 = \frac{1}{2} \sum \left(\frac{hskill_i}{\sum hskil_i} - \frac{lskill_i}{\sum lskil_i} \right) \qquad (5.1)$$

式中，$hskill_i$ 是 i 城市的高技能人口，$lskill_i$ 是 i 城市的低技能人口。差异指数主要用来衡量高技能人口的比例与低技能人口比例的差异，取值是从 0 到 1，越接近 1 表示高技能与低技能越趋向于隔离，越接近 0 表示隔离程度越低，即差异指数越大则高技能人口越集聚。

$$隔离指数 = \sum \left(\frac{hskill_i}{total_i} \times \frac{hskill_i}{\sum hskil_i} - \frac{\sum hskill_i}{\sum total_i} \right) \qquad (5.2)$$

式中，$total_i$ 是 i 城市的劳动年龄总人口，隔离指数是衡量每个高技能者周围有多少比例也是高技能人才。取值也是从 0 到 1，接近 1 代表高技能人口周围的高技能人口比例也更高，等于 1 代表高技能人才完全集聚；取 0 表示高技能人口周围没有高技能人群，完全孤立。因而，隔离指数越大，高技能人口越集聚。

城市高技能人口占比的分布与变动情况，如表 5-3 所示。城市大专及以上学历劳动年龄人口占比的均值在不断上升，从 2000 年的 0.0444 上升到 2015 年的 0.1038，提升幅度较大。标准差和四分位差也都有较大提高，这说明各城市高技能人口占比的离散程度更大了，结合前文的核密度图，拥有高技能人口的城市在不断增加，但向右侧拖尾也更严重，说明了在少数城市的高度集聚。差异指数从 2000 年的 0.3829 上升到 2005 年的 0.4540，之后一直下降，到 2015 年为 0.4291，这说明大专及以上学历的劳动年龄人口与初中及以下学历的劳动年龄人口的差异是先扩大后缩小的，二者的隔离程度出现了有所降低的趋势。隔离指数从 2000 年的 0.0212 上升到 2015 年的 0.0499，上升了 1 倍，说明从平均看来，一个大专及以上受教育程度的高技能人才周围有 4.99% 的人同样也是具有大专及以上学历的高技能人口，这反映出高技能人才的集聚度不断增强。综合来看，随着时间的推移，高技能人才的集聚程度在少数城市明显增强，同时城市内部高技能人口与低技能人口之间的隔离程度正在趋于下降。这一结论与李天健和侯景新（2015）的研究发现相一致。

表5-3　城市高技能人口占比

年份	均值	标准差	四分位差	差异指数	隔离指数
2000	0.0444	0.0294	0.0288	0.3829	0.0212
2005	0.0644	0.0414	0.0378	0.4540	0.0358
2010	0.0926	0.0502	0.0502	0.4315	0.0395
2015	0.1038	0.0534	0.0500	0.4291	0.0499

三、空间相关性检验

前文的分析表明因为人力资本具有外部性，城市高技能人口存量对后期高技能人才流入具有较强的吸引力，对中等技能人才则呈现挤出效应，对低技能劳动人口虽有正向吸引作用但不显著。同时，高技能人口集聚现象明显。接下来将进一步从空间的角度分析就业人口中高技能人才的空间溢出效应，探究一个城市不同技能人才的就业是否受到周围地区高技能人力资本集聚的影响，即高技能就业人口的空间集聚是否存在溢出效应，如果存在，那么空间溢出效应的影响有多大。因此提出以下假设：

假设1：高技能人才集聚在城市间存在空间相关性，城市高技能人口的就业会受到周围地区的高技能人力资本集聚的影响。

假设2：高技能人口的就业会对周围地区中低技能人口的就业产生空间溢出效应。

假设3：城市高技能与中低技能人口在就业量上存在互补关系。

由此，从空间计量经济学的角度，使用全局 Moran-I 指数检验城市高技能就业人口的空间相关性，以全面了解我国城市高技能就业人口集聚的空间特征，公式如下：

$$I = \frac{\sum\limits_{i=1}^{n}\sum\limits_{j=1}^{n} W_{ij}(Y_i - \overline{Y})(Y_j - \overline{Y})}{S^2 \sum\limits_{i=1}^{n}\sum\limits_{j=1}^{n} W_{ij}} \qquad (5.3)$$

式中，$S = \frac{1}{n}\sum\limits_{i=1}^{n}(Y_i - \overline{Y})^2$；$\overline{Y} = \frac{1}{n}\sum\limits_{i=1}^{n} Y_i$，$Y_i$ 为第 i 个地区的人力资本集聚

水平；$\overline{Y}$ 为全国人力资本集聚的平均水平；n 为地区总数；W_{ij} 为空间权重矩阵。
I 的取值在 -1 到 1，越接近最大值 1，表示地区间是高值与高值集聚或者低值
与低值集聚的正相关；接近 -1 时，表示高值与低值集聚的负相关；越靠近 0，
地区间的空间相关性越低。

另外，为了进一步探究城市高技能就业人口与周围地区的相关关系，引
入局部 Moran-I 指数，公式如下：

$$I_i = \frac{(Y_i - \overline{Y})}{S^2}\sum\limits_{j=1}^{n} W_{ij}(Y_j - \overline{Y}) \qquad (5.4)$$

其含义与全局 Moran-I 指数相似，若 I_i 是正值，表示区域 i 的高值（低
值）被周围的高值（低值）所包围；若 I_i 是负值，则表示区域 i 的高值（低
值）被周围的低值（高值）所包围。

该指数中一个很重要的因素就是空间权重矩阵，对于空间权重矩阵的选
择主要有相邻矩阵、地理距离矩阵、经济距离矩阵等。本书构建城市层面的
空间相邻权重矩阵：

$$W_{ij} = \begin{cases} 0, & i \text{ 与 } j \text{ 不相邻} \\ 1, & i \text{ 与 } j \text{ 相邻} \end{cases} \qquad (5.5)$$

表 5-4 是 2000—2015 年的大专及以上和本科及以上学历劳动年龄人口占
比的全局莫兰指数表，四期数据莫兰指数的值均大于 0，说明存在空间正自相
关，周围地区的人力资本水平较高时会对本地高技能人力资本的集聚具有正
向的促进作用。

表 5-4 全局莫兰指数

学历	2000 年	2005 年	2010 年	2015 年
大专及以上	0.168 ***	0.212 ***	0.267 ***	0.224 ***
本科及以上	0.088 ***	0.067 *	0.177 ***	0.165 ***

图 5-4 和图 5-5 显示的是 2000 年和 2015 年大专及以上和本科及以上学历就业人口局部莫兰指数散点图。其中，第一象限代表"高—高"集聚，表明该地区的人力资本水平高于平均值，并且该地周围地区的人力资本水平也较高，存在空间正自相关。第二象限代表"低—高"集聚，表明该地区的人力资本水平低于平均值，但是该地区周围地区的人力资本水平高于平均值。第三象限代表"低—低"集聚，也属于正自相关，即低值周围也是低值。而第四象限表示"高—低"集聚，高值周围是低值。两组图均显示大多数城市处于第一、第三象限，表明城市之间人力资本水平存在较为显著的空间正相关。

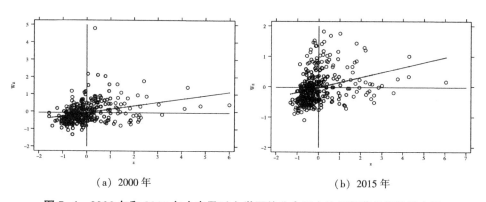

(a) 2000 年   (b) 2015 年

图 5-4 2000 年和 2015 年大专及以上学历就业人口占比局部莫兰指数散点图

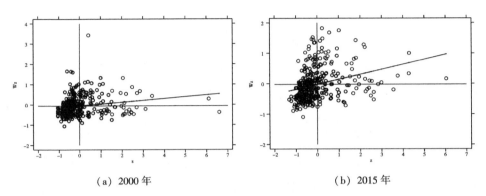

（a）2000 年　　　　　　　　　（b）2015 年

图 5-5　2000 年和 2015 年本科及以上学历就业人口占比局部莫兰指数散点图

第四节　模型设定与描述性统计

一、模型设定

本节的数据是全国人口普查和 1% 抽样调查的微观样本数据，研究对象是地市级空间单元，时期分别为 2000 年、2005 年、2010 年和 2015 年。为了满足空间计量回归模型的需求，将数据调整为平衡面板数据，每期均为 321 个城市。

建立以下回归模型：

$$Hum_{i,t} = \alpha + \beta hum_{i,t-5} + \gamma X_{i,t-5} + \varepsilon_{i,t-5} \tag{5.6}$$

式中，$Hum_{i,t}$ 为 i 城市当期的人力资本集聚程度；$hum_{i,t-5}$ 为滞后一期 i 城市的人力资本集聚程度；X 为控制变量；ε 为误差项。

式（5.6）表示的是前一期的人力资本集聚对当期的人力资本集聚的影响。考虑到高技能就业人口的空间集聚对后期高技能就业人口占比的影响包含两个方面：一是集聚效应，二是相邻地区的溢出效应。如果仅用式

（5.6）会将空间溢出效应也包含在集聚效应中，从而高估人力资本的集聚效应。在空间经济学中，一种常用的方式是空间滤波法，主要目的是将空间变量分解，将空间结构随机变量分离出来，主要方法有：自回归线性算子，基于 Getis 的方法以及特征向量空间滤波方法（王周伟、崔百胜等，2017）。基于已有文献（郑玉，2017；陈得文、苗建军，2012）的空间过滤模型方法，来识别人力资本的空间溢出效应。

首先，考虑集聚效应，建立回归方程：

$$Hum_{i,t} = \alpha + \beta' hum'_{i,t-5} + \gamma X_{i,t-5} + \varepsilon_{i,t-5} \tag{5.7}$$

式中，$hum'_{i,t-5}$ 为集聚效应，表示 i 城市前一期的人力资本集聚对当期的影响。

其次，建立仅有溢出效应的回归方程：

$$Hum_{i,t} = \alpha + \beta^* hum^*_{j,t-5} + \gamma X_{i,t-5} + \varepsilon_{i,t-5} \tag{5.8}$$

式中，$hum^*_{j,t-5}$ 为溢出效应，即 i 城市当期的人力资本集聚程度受前一期的 j 城市的人力资本集聚的影响。

最后，同时纳入集聚效应和溢出效应的回归方程：

$$Hum_{i,t} = \alpha + \beta' hum'_{i,t-5} + \beta^* hum^*_{j,t-5} + \gamma X_{i,t-5} + \varepsilon_{i,t-5} \tag{5.9}$$

重点在于空间过滤变量 hum'_i 的识别。采用 Getis 的空间过滤模型也作空间滤波法进行处理。该方法用来衡量某一个点与其周围距离 d 范围内的其他点之间的空间依赖强度的统计量——G_i。计算方法如下：

第一，计算 G_i，公式如下：

$$G_i = \frac{\sum_{j=1}^{n} w_{ij} hum_j}{\sum_{j=1}^{n} hum_j} \tag{5.10}$$

第二，计算 G_i 的期望，公式如下：

$$E(G_i) = \frac{\sum\limits_{j=1}^{n} w_{ij}}{n-1}, i \neq j \qquad (5.11)$$

第三，G_i 除其期望值，即可得到过滤掉空间效应部分的比例。再用此比例乘以原始的人力资本集聚变量 hum_i，得到的就是过滤掉空间效应的人力资本集聚效应，公式如下：

$$hum'_i = hum_i \frac{E(G_i)}{G_i} = \frac{hum_i(\sum\limits_{j=1}^{n} w_{ij})}{(n-1)G_i} \qquad (5.12)$$

第四，城市 j 对城市 i 的溢出效应：

$$hum_i^* = \sum\limits_{j=1}^{n} w_{ij}(d) \, hum'_j, i \neq j \qquad (5.13)$$

式中，$w_{ij}(d)$ 为空间相邻权重矩阵。

二、描述性统计

和前文保持一致，被解释变量依然是城市当期不同技能水平 16~60 岁的劳动年龄就业人口占该年龄段就业总人口的比例，均去除在校学生。将受过高等教育的劳动人口划分为高技能，高中学历为中等技能，初中及以下为低技能。核心解释变量是滞后一期的高技能水平（大专及以上学历和本科及以上学历）劳动年龄人口的就业占比，其中根据数据间隔，五年为一期。控制变量包括城市经济发展水平、产业结构、在岗职工的平均工资水平及人口密度（见表 5-5）。此外，为了精准识别高技能人力资本存量对高技能人才的影响，本节根据数据的户口登记状况识别出外地流入的劳动人口，包括本省跨市流入和省外流入。因而，将城市迁入人口单独列出，以分析城市人力资本集聚对迁入人口中不同技能劳动者的吸引力。

表 5-5　描述性统计

变量名	观测值	均值	标准差	最小值	最大值
大专及以上学历就业人口占比	1004	0.063	0.045	0.007	0.339
本科及以上学历就业人口占比	1004	0.024	0.024	0.001	0.226
人均 GDP 对数	1004	9.851	0.991	7.733	13.108
产业结构	1004	0.858	0.398	0.095	4.035
人口密度	1004	9.957	0.757	8.305	11.636
平均工资对数	1004	14.631	1.305	6.602	18.454
市场规模对数	1004	0.063	0.045	0.007	0.339
人口密度（人/平方公里）	1004	453.159	325.075	29	2539.290

第五节　实证分析

一、面板数据回归

本节主要从就业量的视角分析城市劳动技能结构的分化，使用滞后一期的面板数据进行回归，表 5-6 是以大专及以上学历就业人口占比作为解释变量的回归结果。其中，（1）、（2）列的被解释变量为高技能就业人口占比，（3）、（4）列为中等技能就业人口占比，（5）、（6）列为低技能就业人口占比。其中偶数列比奇数列增加了控制变量，所有模型均控制了时间和城市固定效应。

表5-6　大专及以上学历回归结果

项目	高技能就业人口占比		中等技能就业人口占比		低技能就业人口占比	
	(1)	(2)	(3)	(4)	(5)	(6)
L5. 大专及以上学历就业人口占比	0.281***	0.253***	-0.153***	-0.147***	0.085	0.083
	(0.076)	(0.076)	(0.043)	(0.043)	(0.097)	(0.102)
L5. ln人均GDP	0.014***	0.013**	-0.013***	-0.009*	-0.036***	-0.042***
	(0.005)	(0.006)	(0.005)	(0.005)	(0.010)	(0.011)
L5. 产业结构	0.024***	0.023***	-0.004	-0.003	-0.014	-0.015
	(0.005)	(0.005)	(0.004)	(0.004)	(0.009)	(0.009)
L5. 人口密度	-0.000	-0.000	0.000**	0.000**	-0.000	-0.000
	(0.000)	(0.000)	(0.000)	(0.000)	(0.000)	(0.000)
L5. ln工资		-0.004		-0.014*		0.024*
		(0.010)		(0.007)		(0.014)
L5. ln市场规模		0.004***		-0.002**		0.002
		(0.001)		(0.001)		(0.002)
年份	Y	Y	Y	Y	Y	Y
城市	Y	Y	Y	Y	Y	Y
常数项	-0.070	-0.074	0.237***	0.358***	0.860***	0.660***
	(0.050)	(0.088)	(0.045)	(0.071)	(0.098)	(0.140)
观测值	817	811	817	811	817	811
R^2	0.933	0.934	0.883	0.884	0.912	0.912

　　首先，就高技能人才来说，存在集聚效应。城市滞后一期的高技能就业人口占比对城市后来的高技能就业人口占比的作用显著为正。回归系数为0.25，说明如果城市前期的高技能就业人口占比提高1个百分点，能够使以后城市高技能人口占比增加0.25个百分点。这和前文用劳动人口占比效应（0.13）相比更加明显，说明城市初始高技能人才的集聚能够增加后期高技能人才的就业机会，吸引更多高技能人才流入。

　　其次，对于中等技能人才来说，存在挤出效应。城市前期的高技能就业人口占比对后期城市中等技能人口的就业存在挤出效应，在控制了城市特征后，初期的高技能就业量越多，会减少后期中等技能人口的就业机会，这种效应达到0.15，如（4）列所示。反映出城市的中高技能人才在就业量上不存在互补关系，甚至起到了排斥的作用。

再次，城市高低技能人力资本在就业量上不存在明显的互补关系。如（5）、（6）列所示，前期的高技能人才的就业占比对后期低技能人力资本的就业量的作用不显著，本科及以上的回归结果也同样不显著。这和梁文泉等（2015）用劳动力占比增加量的研究结果相似。

最后，控制变量的系数显示，城市经济发展水平和产业结构对高技能人才就业的吸引力十分显著，但对于中等技能和低技能水平的劳动者就业的影响为负，原因在于经济发展水平越高，意味着房价、物价等生活成本越高，同时，受制于户籍制度等因素，中低技能的劳动者在获取高水平医疗以及教育等公共服务方面更加不易。就工资水平来说，高技能劳动者对于工资水平更不敏感，而对于中等技能水平和低技能水平的劳动者作用却是相反的，很可能是低技能劳动者为了获得更多的工资选择到工资水平高的城市工作，然后将收入带回老家。另外，市场规模因素对高技能劳动者就业的作用显著为正，但对中等技能劳动者的作用正相反，低技能劳动者的影响为正但不显著。原因在于当市场范围扩大时，劳动分工更加细化和深化，劳动力市场对人才的需求也发生了改变，对专业化的要求更高，从而产生知识和技能壁垒，这对于那些受教育程度较低的人来说会难以适应转换，从而被替代，但对于高技能水平的人来说，并不会成为阻碍。例如，研究表明，每增加一个机器人相当于2~3名工人，但机器人的引入对于大学及以上受教育程度工人的工资影响是正向的（Borjas & Freeman，2019）。

表5-7显示了以不同技能的迁入人口就业占比为被解释变量的回归结果。从表中可以发现，城市高技能人力资本集聚对于迁入人口中高技能人口的就业有正向的影响，而对低技能迁入人口的就业却有负向的影响，对于中等技能的迁入人口就业影响并不显著。这说明如果城市前期的高技能就业人口占比提高1个百分点，能够使以后城市迁入的高技能人口就业占比增加0.4个

百分点，但是会降低迁入的低技能人口就业比例。这在一定程度上说明了我国城市人力资本集聚并没有实现高低技能结构互补，高技能人才集聚仅仅能够吸引更多的高技能人才流入，但并不能同样促进外来的低技能人口的就业。很可能因为户籍制度等客观因素阻碍了低技能人口向高技能人力资本水平的城市迁移，人力资本集聚距离达到均衡还有很长的路要走。

表 5-7　迁入人口就业占比回归

项目	高技能就业人口占比		中等技能就业人口占比		低技能就业人口占比	
	(1)	(2)	(3)	(4)	(5)	(6)
L5. 大专及以上学历就业人口占比	0.398***	0.397***	0.022	0.029	-0.419**	-0.426**
	(0.137)	(0.140)	(0.161)	(0.163)	(0.212)	(0.216)
L5. ln 人均 GDP	0.020	0.019	0.005	0.014	-0.025	-0.032
	(0.020)	(0.022)	(0.029)	(0.031)	(0.035)	(0.038)
L5. 产业结构	0.016	0.018	-0.014	-0.013	-0.002	-0.005
	(0.016)	(0.016)	(0.021)	(0.021)	(0.026)	(0.026)
L5. 人口密度	-0.000**	-0.000**	-0.000	-0.000	0.000*	0.000**
	(0.000)	(0.000)	(0.000)	(0.000)	(0.000)	(0.000)
L5. ln 工资		0.009		-0.022		0.012
		(0.021)		(0.026)		(0.034)
L5. ln 市场规模		-0.001		-0.004*		0.005
		(0.002)		(0.002)		(0.003)
年份	Y	Y	Y	Y	Y	Y
城市	Y	Y	Y	Y	Y	Y
常数项	-0.102	-0.170	0.147	0.325	0.955***	0.844**
	(0.186)	(0.216)	(0.280)	(0.297)	(0.336)	(0.383)
观测值	811	805	811	805	811	805
R^2	0.666	0.665	0.543	0.548	0.692	0.694

二、分离集聚效应与空间溢出效应

为了探究高技能水平人力资本在城市之间的空间效应，使用地理经济学中的识别空间自相关的指数（Getis-Ord 指数）和空间过滤方法将集聚效应与空间溢出效应相分离。表 5-8 为应用空间过滤模型且解释变量是大专及以上学历人力资本集聚的回归结果，结果的呈现方式与上文一致。

表 5-8　大专及以上学历空间过滤模型回归

项目	高技能 就业人口占比		中等技能 就业人口占比		低技能 就业人口占比	
	(1)	(2)	(3)	(4)	(5)	(6)
集聚效应	0.585***	0.548***	-0.166**	-0.167**	-0.079	-0.067
	(0.101)	(0.102)	(0.072)	(0.073)	(0.175)	(0.184)
溢出效应	0.822***	0.770***	-0.387***	-0.382***	0.339	0.349
	(0.140)	(0.138)	(0.112)	(0.113)	(0.214)	(0.223)
L5. ln 人均 GDP	0.001	0.001	-0.013***	-0.009*	-0.034***	-0.041***
	(0.004)	(0.004)	(0.005)	(0.005)	(0.010)	(0.011)
L5. 产业结构	0.019***	0.018***	-0.004	-0.004	-0.013	-0.014
	(0.004)	(0.004)	(0.005)	(0.004)	(0.009)	(0.009)
L5. 人口密度	-0.000	-0.000	0.000***	0.000***	-0.000	-0.000
	(0.000)	(0.000)	(0.000)	(0.000)	(0.000)	(0.000)
L5. ln 工资		-0.006		-0.015**		0.026*
		(0.007)		(0.007)		(0.014)
L5. ln 市场规模		0.003***		-0.002**		0.002
		(0.001)		(0.001)		(0.002)
年份	Y	Y	Y	Y	Y	Y
城市	Y	Y	Y	Y	Y	Y
常数项	0.021	0.041	0.234***	0.360***	0.858***	0.648***
	(0.038)	(0.067)	(0.046)	(0.070)	(0.099)	(0.141)
观测值	803	797	803	797	803	797
R^2	0.921	0.922	0.883	0.884	0.907	0.908

表5-8中（2）列的结果显示，前一期的高技能人才就业占比对于后期高技能人力资本集聚具有显著的促进作用。前期的高技能人才就业占比每增加1个百分点。后期城市的高技能人才就业占比会增加0.55个百分点。不仅如此，溢出效应的存在使相邻地区的高技能人才就业占比也会增加0.77个百分点。这和单独考虑集聚效应以及单独考虑溢出效应相比，系数大小有所上升（集聚效应与溢出效应分别回归的结果见附表5-1）。而对于中等技能水平的劳动者来说，综合考虑集聚和溢出之后，作用均显著为负，即城市高技能劳动者就业占比每增加1个百分点，那么后期城市中等技能劳动者就业占比会减少0.17个百分点，而相邻城市则会减少0.38个百分点。对于低技能劳动者来说，两种效应均不显著，但是溢出的效应符号为正。另外，附表5-2和附表5-3结果显示，对于中低技能劳动者来说，单独的集聚效应并不显著，而相邻地区的溢出效应却十分显著。可见，一个城市的高技能水平人才就业规模越大，则相邻地区的中等技能人才就业会受到挤出，但是低技能劳动者的就业规模会有所上升，这说明在城市内部高低技能人群在就业上并未出现互补，仅反映了在城市之间存在互补的趋势。

Kivi（2019）对欧洲的研究显示，地区劳动力市场存在显著的空间溢出效应，因为存在正的空间依赖性，那些就业率高的地区其周围地区的就业率也比较高，增加不同地区之间的通勤有利于提高劳动者和工作岗位的匹配效率。Lee（2019）的研究显示，在洛杉矶拥有大学学历的人群和非大学学历的人群的工作场所是相同的，居住场所却是隔离的，低技能者工资水平会因为靠近高学历人群而提高0.1%，但是又由于生活成本较高，导致低技能人群的"职住隔离"。可见，高技能人群就业的确对低技能人群的就业存在正向的空间溢出效应。但是我国高技能人群集聚的空间溢出效应仅对高技能人群的就业作用显著，对于中低技能人群就业不但没有发挥正向的促进作用，甚至出现挤出和排斥。

表5-9是对迁入人口不同技能劳动者就业的影响。整体趋势与上文一致，（1）列被解释变量为迁入人口中的高技能人群的就业人口占比，（2）、（3）列

则分别为中等技能人群和低技能人群的就业人口占比。从集聚效应来看，前期高技能人群就业规模每增加 1 个百分点，则后期迁入高技能的人群就业占比就增加 1.11 个百分点，对迁入人口的中等技能人群就业占比会减少 0.32 个百分点，低技能人群的就业占比则会降低 1.16 个百分点。从空间溢出效应来看，城市高技能人群就业的扩大对于周围城市的高技能人群就业占比会提高 1.44 个百分点，对周围中等技能人群就业则会降低 0.58 个百分点，对于低技能人群就业影响不明显。同样表明，城市人力资本的集聚会吸引高技能人才流入，增加高技能人群的就业，但是对于中低技能人群来说则会产生负向的影响。溢出效应显示，一个地区人力资本集聚能够有效扩大周围地区高技能人群的就业，却不利于中等技能人群的就业。这与 Fu 和 Gabriel（2012）对中国劳动力迁移的研究结论相似，人力资本集聚对迁入人口的影响源于以下因素：第一，地区差异。城市中技术人员的集聚会产生更多对技术人才的需求，技术人员的工资率会更高，从而吸引更多技术人才的流入。第二，生活成本。高技能人群集聚区的生活成本通常较高，使中低技能人群望而却步。第三，空间溢出效应。距离越近越有利于人力资本外部性得到更为充分的发挥，提高了城市迁入人口的生产力，激励人力资本的流入。但受户籍等客观因素制约，只有受教育程度较高的劳动者更具有流动性和迁移的选择性。岳昌君等（2019）发现，那些学历层次高、院校选拔性高的毕业生发生流动的可能性也更高。低技能劳动者在城市中享受的就业、教育、医疗和社会保障不足，在城市落户的可能性较小，非正规就业和生活成本极大地限制了他们与高技能者沟通学习的机会，导致低技能人群被排除在高技能人力资本外部性红利之外。这将会进一步扩大地区人口的技能差距，也抑制了通过高技能人群集聚的外溢效应而促进低技能人群实现技能升级的作用。

表 5-9　迁入人口空间过滤模型回归

项目	高技能 就业人口占比	中等技能 就业人口占比	低技能 就业人口占比
	(1)	(2)	(3)
集聚效应	1.109 ***	−0.322 **	−1.159 *
	(0.112)	(0.142)	(0.620)
溢出效应	1.443 ***	−0.581 ***	−0.327
	(0.097)	(0.177)	(0.678)
L5. ln 人均 GDP	0.035 ***	0.020	−0.003
	(0.011)	(0.014)	(0.080)
L5. 产业结构	0.017 ***	0.001	−0.025
	(0.006)	(0.009)	(0.056)
L5. 人口密度	0.000	0.000	0.000
	(0.000)	(0.000)	(0.000)
L5. ln 工资	−0.022	−0.023 *	−0.012
	(0.015)	(0.012)	(0.078)
L5. ln 市场规模	−0.001	−0.003 ***	0.003
	(0.001)	(0.001)	(0.004)
年份	Y	Y	Y
城市	Y	Y	Y
常数项	−0.106	0.192	0.777
	(0.138)	(0.163)	(0.880)
观测值	274	274	268
R^2	0.958	0.892	0.704

三、异质性分析

(一) 分区域回归

为了分析高技能人力资本集聚对不同层次技能人群就业在不同区域的影

响，按照传统的东、中、西三大板块划分，分别进行回归，回归结果如表
5-10所示。

表 5-10　分区域回归

项目	高技能就业人口占比			中等技能就业人口占比			低技能就业人口占比		
	东	中	西	东	中	西	东	中	西
集聚效应	0.547***	0.384**	0.485***	-0.187*	0.076	-0.254**	0.117	0.193	-0.120
	(0.188)	(0.181)	(0.144)	(0.110)	(0.178)	(0.126)	(0.339)	(0.378)	(0.297)
溢出效应	0.979***	0.489	0.412**	-0.377**	0.181	-0.616***	-0.289	1.172	0.752**
	(0.182)	(0.386)	(0.192)	(0.155)	(0.354)	(0.174)	(0.317)	(0.713)	(0.370)
L5. ln 人均 GDP	0.019**	-0.010	0.001	0.000	-0.022	-0.008	-0.031	-0.047*	-0.061***
	(0.009)	(0.008)	(0.006)	(0.008)	(0.017)	(0.006)	(0.020)	(0.027)	(0.012)
L5. 产业结构	0.033***	0.009	0.006	0.002	-0.004	-0.019**	-0.024	-0.019	-0.002
	(0.007)	(0.007)	(0.007)	(0.008)	(0.010)	(0.007)	(0.014)	(0.017)	(0.020)
L5. 人口密度	-0.000***	0.000	0.000	0.000	0.000	0.000	-0.000	-0.000	-0.000*
	(0.000)	(0.000)	(0.000)	(0.000)	(0.000)	(0.000)	(0.000)	(0.000)	(0.000)
L5. ln 工资	-0.003	0.006	-0.023*	-0.011	-0.019*	-0.007	0.059**	0.028	-0.019
	(0.014)	(0.010)	(0.013)	(0.012)	(0.011)	(0.015)	(0.027)	(0.024)	(0.020)
L5. ln 市场规模	0.001	0.027***	0.001	-0.003***	0.017	-0.001	0.002	-0.027	0.035***
	(0.001)	(0.010)	(0.004)	(0.001)	(0.018)	(0.006)	(0.001)	(0.031)	(0.011)
年份	Y	Y	Y	Y	Y	Y	Y	Y	Y
城市	Y	Y	Y	Y	Y	Y	Y	Y	Y
常数项	-0.133	-0.317**	0.218	0.260**	0.243	0.257	0.209	1.094**	0.890***
	(0.109)	(0.160)	(0.149)	(0.114)	(0.218)	(0.171)	(0.224)	(0.423)	(0.255)
观测值	297	293	207	297	293	207	297	293	207
R^2	0.936	0.877	0.951	0.920	0.827	0.923	0.918	0.882	0.940

　　首先，对于高技能人群的就业来说，东、中、西三大板块的集聚效应均
显著为正，其中，东部地区最高，西部地区次之，中部地区最小。同样验证
了初期地区的高技能人群集聚对后期高技能人群的就业占比作用显著。从溢
出效应来看，东部地区的系数高达 0.98，表明城市高技能就业占比增加 1 个

百分点，周围相邻城市的高技能人群就业占比会提高 0.98 个百分点。西部地区的溢出效应也十分显著，达到 0.49 个百分点，中部地区的溢出效应不显著。东部地区是我国人力资本集聚程度最高的地区，集聚效应和溢出效应都比较明显，较高的经济发展水平和产业结构的优化升级为高技能人群创造了更多的就业机会。中部地区城市的高技能人群集聚效应虽然比较明显，但溢出效应并不明显，很可能处于高技能人力资本流失的状态。

其次，从对中等技能人群的就业产生的影响来看，东西部地区集聚效应的影响显著为负，和前文的结论一致。东西部地区的高技能人群就业占比会对城市内中等技能人群就业产生拥挤效应，不仅如此，这种挤出效应还存在于空间溢出效应中，对东西部地区来说，城市的高技能人群就业占比的增加会对周围相邻地区中等技能人群就业产生负向影响。中部地区的集聚效应和溢出效应均不显著，再次印证了中部地区高技能人才供给不足，流失严重。

最后，低技能人群就业方面，除了西部地区的溢出效应为正，其他作用不明显。这反映了西部地区高技能水平的人力资本集聚对周边地区低技能人群的就业起到了促进作用。

（二）分城市规模

我国城市发展水平差距较大，为了探究高技能人才集聚的集聚和溢出效应在不同城市规模下的差异，下面将城市常住人口超过 500 万的视为大城市，低于 500 万的视为中小城市，分别进行回归，结果如表 5-11 所示。其中，(1)、(3)、(5) 列为大城市的回归结果，(2)、(4)、(6) 列为中小城市的回归结果。(1)、(2) 列显示，在大城市，前期高技能人群的就业所产生的集聚和溢出效应均较为显著，而且系数扩大近一倍。中小城市则只有空间溢出效应较为显著，说明更大的城市拥有更多的高技能人群加快了知识的传播和积累，有利于发挥人力资本的外部性（申广军等，2017）。对于中小城市来说，周围地区的高技能就业规模越大，越有利于本地高技能人才的就业。对于中等技能人群的就业呈现同样的趋势，只是效应为负，即在大城市，高技能人群对中等技能人群的就业有显著的挤出作用，在空间上也是如此。对低技能人群来说，大城市的效应并不显著，反而在中小城市溢出效应显著为正，说明中小城市的高技能人才集聚能够带动周围地区低技能人群就业。梁文泉和陆铭（2015）运用户籍指数进行了分析，发现大城市的户籍制度对于高技能人群来说阻碍作用较小，而对低技能人群来说，却存在较大的门槛，抑制了城市的高低技能人才的互补。

表 5-11 分城市规模回归

项目	高技能就业人口占比		中等技能就业人口占比		低技能就业人口占比	
	(1)	(2)	(3)	(4)	(5)	(6)
集聚效应	1.109***	0.167	−0.322**	−0.112	−0.280	0.139
	(0.112)	(0.102)	(0.142)	(0.084)	(0.274)	(0.214)
溢出效应	1.443***	0.433***	−0.581***	−0.276*	−0.118	0.613**
	(0.097)	(0.159)	(0.177)	(0.141)	(0.352)	(0.265)
是否大城市	Y	N	Y	N	Y	N
L5. ln 人均 GDP	0.035***	−0.006	0.020	−0.014**	−0.087***	−0.047***
	(0.011)	(0.005)	(0.014)	(0.006)	(0.024)	(0.014)
L5. 产业结构	0.017***	0.016***	0.001	−0.006	−0.017	−0.015
	(0.006)	(0.005)	(0.009)	(0.005)	(0.016)	(0.012)
L5. 人口密度	0.000	−0.000	0.000	0.000	−0.000**	−0.000
	(0.000)	(0.000)	(0.000)	(0.000)	(0.000)	(0.000)
L5. ln 工资	−0.022	−0.002	−0.023*	−0.014*	0.053	0.026*
	(0.015)	(0.008)	(0.012)	(0.008)	(0.032)	(0.015)
L5. ln 市场规模	−0.001	0.010**	−0.003***	0.005	0.004**	0.029*
	(0.001)	(0.005)	(0.001)	(0.005)	(0.002)	(0.016)
年份	Y	Y	Y	Y	Y	Y
城市	Y	Y	Y	Y	Y	Y
常数项	−0.106	−0.015	0.192	0.302***	0.902***	0.302
	(0.138)	(0.095)	(0.163)	(0.099)	(0.258)	(0.247)
观测值	274	505	274	505	274	505
R^2	0.958	0.912	0.892	0.896	0.930	0.896

四、稳健性检验

为了检验城市高技能人才就业对不同技能水平人群就业机会的影响，下面使用本科及以上学历就业人口占比作为解释变量进行回归，结果如表 5-12 所示。(2) 列回归系数为 0.91，说明如果城市前期的本科及以上学历高技能人群就业人口占比提高 1 个百分点，能够使以后城市高技能人口占比增加 0.91 个百分点。但是对于后期中等技能人群就业的影响是负向的，对于低技能人群就业影响不显著。这说明城市高技能人群的就业集聚的确会为高技能者创造更多的就业机会，但是会对中低技能人群就业产生排斥，整体趋势与前文一致，证明结果较为稳健。

表 5-12　本科及以上学历人口就业占比回归

项目	高技能 就业人口占比		中等技能 就业人口占比		低技能 就业人口占比	
	(1)	(2)	(3)	(4)	(5)	(6)
L5. 本科及以上学历就业 人口占比	0.972***	0.909***	−0.656***	−0.661***	−0.026	−0.050
	(0.122)	(0.120)	(0.123)	(0.128)	(0.289)	(0.315)
L5. ln 人均 GDP	0.004	0.003	−0.014***	−0.009*	−0.033***	−0.039***
	(0.002)	(0.003)	(0.005)	(0.005)	(0.010)	(0.011)
L5. 产业结构	0.011***	0.010***	−0.001	−0.001	−0.011	−0.011
	(0.003)	(0.002)	(0.004)	(0.004)	(0.009)	(0.009)
L5. 人口密度	−0.000	−0.000	0.000**	0.000**	−0.000	−0.000
	(0.000)	(0.000)	(0.000)	(0.000)	(0.000)	(0.000)
L5. ln 工资		−0.003		−0.015**		0.023
		(0.004)		(0.007)		(0.014)
L5. ln 市场规模		0.002***		−0.001		0.003
		(0.001)		(0.001)		(0.002)
年份	Y	Y	Y	Y	Y	Y
城市	Y	Y	Y	Y	Y	Y

续表

项目	高技能就业人口占比		中等技能就业人口占比		低技能就业人口占比	
	(1)	(2)	(3)	(4)	(5)	(6)
常数项	−0.029	−0.023	0.238***	0.365***	0.837***	0.640***
	(0.024)	(0.042)	(0.045)	(0.068)	(0.099)	(0.139)
观测值	817	811	817	811	817	811
R^2	0.913	0.914	0.887	0.888	0.912	0.912

表 5-13 是迁入人口数据回归的结果，解释变量依然为本科及以上学历就业人口占比，可以看出，在对于高技能人群就业方面，效应显著为正，对于低技能人群的就业却显著为负，对中等技能人群就业不显著，与前文结论一致。

表 5-13　迁入人口就业占比回归

项目	高技能就业人口占比		中等技能就业人口占比		低技能就业人口占比	
	(1)	(2)	(3)	(4)	(5)	(6)
L5. 本科及以上学历就业人口占比	1.391***	1.438***	−0.136	−0.116	−1.255**	−1.321**
	(0.384)	(0.398)	(0.487)	(0.505)	(0.606)	(0.624)
L5. ln 人均 GDP	0.023	0.021	0.006	0.015	−0.030	−0.037
	(0.019)	(0.021)	(0.028)	(0.030)	(0.034)	(0.037)
L5. 产业结构	0.013	0.016	−0.013	−0.013	0.000	−0.003
	(0.016)	(0.016)	(0.021)	(0.021)	(0.027)	(0.027)
L5. 人口密度	−0.000	−0.000	−0.000	−0.000	0.000	0.000*
	(0.000)	(0.000)	(0.000)	(0.000)	(0.000)	(0.000)
L5. ln 工资		0.013		−0.022		0.009
		(0.021)		(0.026)		(0.034)
L5. ln 市场规模		−0.001		−0.004*		0.005
		(0.002)		(0.002)		(0.003)

续表

项目	高技能 就业人口占比		中等技能 就业人口占比		低技能 就业人口占比	
	(1)	(2)	(3)	(4)	(5)	(6)
年份	Y	Y	Y	Y	Y	Y
城市	Y	Y	Y	Y	Y	Y
常数项	−0.102	−0.170	0.147	0.325	0.955***	0.844**
	(0.186)	(0.216)	(0.280)	(0.297)	(0.336)	(0.383)
观测值	811	805	811	805	811	805
R^2	0.666	0.665	0.543	0.548	0.692	0.694

表 5-14 是空间溢出效应分解的结果。以（2）列来说，城市高技能劳动者就业占比每增加 1 个百分点，后期城市高技能劳动者就业占比会增加 1.49 个百分点，而相邻城市则会增加 1.07 个百分点。但溢出效应对中低技能迁入人口的就业影响并不显著，与前文结论一致，结果较为稳健。

表 5-14 本科及以上学历空间效应分解

项目	高技能 就业人口占比		中等技能 就业人口占比		低技能 就业人口占比	
	总人口	迁入人口	总人口	迁入人口	总人口	迁入人口
集聚效应	0.865***	1.486***	−0.602***	−0.076	−0.129	−1.411**
	(0.123)	(0.406)	(0.132)	(0.520)	(0.316)	(0.639)
溢出效应	1.263***	1.074**	−1.037***	−0.424	0.417	−0.650
	(0.156)	(0.502)	(0.219)	(0.599)	(0.409)	(0.732)
L5. ln 人均 GDP	0.003	0.022	−0.009*	0.015	−0.039***	−0.037
	(0.002)	(0.021)	(0.005)	(0.030)	(0.011)	(0.037)
L5. 产业结构	0.009***	0.017	−0.001	−0.012	−0.011	−0.005
	(0.002)	(0.016)	(0.004)	(0.021)	(0.009)	(0.026)
L5. 人口密度	−0.000*	−0.000	0.000**	−0.000	−0.000	0.000
	(0.000)	(0.000)	(0.000)	(0.000)	(0.000)	(0.000)

续表

项目	高技能 就业人口占比		中等技能 就业人口占比		低技能 就业人口占比	
	总人口	迁入人口	总人口	迁入人口	总人口	迁入人口
L5. ln 工资	−0.003 (0.004)	0.012 (0.021)	−0.016** (0.007)	−0.022 (0.026)	0.025* (0.014)	0.010 (0.034)
L5. ln 市场规模	0.002*** (0.001)	−0.002 (0.002)	−0.001 (0.001)	−0.003 (0.002)	0.003 (0.002)	0.005* (0.003)
年份	Y	Y	Y	Y	Y	Y
城市	Y	Y	Y	Y	Y	Y
常数项	−0.019 (0.041)	−0.203 (0.211)	0.362*** (0.065)	0.306 (0.295)	0.622*** (0.138)	0.897** (0.383)
观测值	797	791	797	791	797	791
R^2	0.918	0.665	0.889	0.549	0.907	0.694

第六节　本章小结

本章使用 2000—2015 年四期人口普查数据，从人力资本的角度探究了城市高技能人口的集聚会进一步吸引高水平人力资本的流入，形成"马太效应"。迁移人口的数据显示了高技能人才更偏好于流入那些人力资本水平较高的城市，但城市内高低技能互补关系并不明显，高技能人群的集聚并没有扩大中低技能人群的比例，由此导致城市高低技能结构的分化。本章通过分析就业人群的数据证明了高技能人力资本在就业量方面对于不同技能的劳动者就业的影响也不同。对于高技能劳动者来说，城市前期的高技能就业人口占比提高 1 个百分点，能够使以后城市高技能人口就业占比增加 0.25 个百分点。同时，还能够促进迁入人口中高技能就业人口的比例上升 0.4 个百分点，但会减少中等技能人群的就业比例达到 0.15 个百分点，对于低技能迁入人口的就业占比来说，更会降低 0.43 个百分点。这也验证了城市高技能人群的就业集聚会导致城市劳动技能结构的分化。

从空间角度，通过建立空间过滤模型进一步将高技能人群就业产生的效应分解为集聚效应和空间溢出效应。高技能人群就业在不同城市间存在空间相关性，且空间溢出效应显著。集聚效应显示前期城市的高技能人才就业占比提高 1 个百分点，则后期高技能人群就业占比会增加 0.55 个百分点；溢出效应能够提高相邻地区的高技能人才就业占比达 0.77 个百分点。假设 1 城市高技能人口的就业会受到周围地区的高技能人力资本集聚的影响得到验证。

与此同时，回归结果也验证了假设 2 高技能人口的就业量会对周围地区中低技能人口的就业产生空间溢出效应。城市前期高技能人口的就业比例对后期中等技能人口的就业影响显著为负，高技能劳动者就业占比每增加 1 个百分点，那么后期中等技能劳动者就业占比会减少 0.17 个百分点，而相邻城市则会减少 0.38 个百分点。对于迁入的高技能人口就业来说，这种溢出效应的影响达到 1.44 个百分点，但也降低了中等技能迁入人口的就业近 0.6 个百分点。这说明高技能人力资本集聚对于迁入人口中等技能人群的就业来说产生了挤出效应，对低技能人口的就业影响均不显著。城市高技能人才的集聚效应对于不同技能层次的迁入人群来说，同样存在不同的影响，吸引了更多高技能人群的流入，但挤占了中低技能人群的就业份额。这说明城市高技能人群的就业集聚的确通过外部性作用吸引了更多高技能人群的流入，但是并没有出现和中低技能人群在就业方面的互补，反而对中等技能人群就业表现出了排斥和挤出。假设 3 城市高技能与低技能人口在就业量上存在互补关系未能得到充分验证。

异质性分析的结果显示，东部地区高技能人力资本就业集聚不仅有利于本地后期的高技能人力资本就业，还对邻近地区的高技能人群就业产生较强的外部性。东部地区城市高技能就业占比增加 1 个百分点，周围相邻城市的高技能人群就业占比会提高 0.98 个百分点。但是对于中等技能人群的就业则呈现了明显的挤出效应，对低技能人群就业的作用不明显。这一方面说明了东部地区高技能人群集聚创造了更多的就业机会，吸引了更多高技能人才的流入。另一方面反映出中低技能人群在流向高技能人群集聚区时存在障碍，因为生活成本以及户籍制度等因素被排除在高技能人力资本集聚区之外；西部地区的高技能人群就业集聚对后期本地高技能人群就业的正向影响达到0.49个百分点，溢出效应为0.41，均十分显著。对于中等技能人群的就业同样出现挤出效应；对于低技能人群的就业来说，只有空间溢出效应为正。这说明西部地区的低水平劳动者就业能够受益于邻近地区高技能人群的外部性红利；中部地区则呈现较为不同的结果。集聚效应显示，中部地区高技能人群就业增加1个百分点，则后期本地高技能人群就业会提高0.38个百分点。但是空间溢出效应并不显著，同时对于中等技能和低技能人群的就业来说均不显著。这说明中部地区对人才的吸引力不够，而且人才流失严重。对于中部地区来说增加高技能人才的供给，吸引和留住人才是促进地区发展的重要途径。

此外，如果将城市划分为大城市和中小城市，大城市高技能人群就业规模产生的集聚效应和溢出效应对于后期高技能人群就业的促进作用更加显著。大城市对中等技能人群就业的挤出效应也更明显，而中小城市的高技能人群就业集聚对后期高低技能人群就业的空间溢出效应显著为正，这在一定程度上说明了在中小城市高低技能人群的就业存在空间上的互补关系，高技能人才的集聚对于周围地区低技能人群的就业会产生正的外部性。

总之，本章验证了人力资本在区域与城市间分布的"马太效应"促使城市技能结构的分化，前期高技能人群集聚有利于后期高技能人群就业机会的增加，但抑制了中等技能人群的就业，这种影响在空间上广泛存在，而且没有充足的证据表明城市内部和城市之间存在显著的高低技能互补关系。一方面，可能因为高技能人群集聚区生活成本高昂，中低技能劳动者出于成本、收益的考虑自主选择迁往其他地区；另一方面，可能是存在制度壁垒，使得中低技能人群的流动受到限制，被排斥在人力资本溢出效应的红利之外，加剧了地区之间劳动者技能差距的扩大，不利于发挥高技能人群促进低技能人群实现技能升级的外部效应。这意味着东、中、西部地区之间以及城市之间应加强联系，促进交流，降低溢出壁垒，其中较重要的因素是户籍制度，受制于户籍制度的约束，中低技能人群难以自由流动，抑制了城市高技能人力资本空间外溢效应的发挥。因此，打破户籍制度的约束，促进不同技能人群的自由流动，优化城市技能结构，是实现城市均衡和可持续发展的重要路径之一。

| 第六章 |

人力资本集聚、空间溢出对城市创新的影响

改革开放四十多年来，中国凭借后发优势实现了经济的快速增长，引进和学习国外先进技术是重要的影响因素。进入新时代，中国经济高质量发展的主导引擎逐渐转变为技术创新能力的提升和经济运行效率的提高（吴爱东等，2019）。2020 年 12 月，党的十九届五中全会通过了《中共中央关于制定国民经济和社会发展第十四个五年规划和二〇三五年远景目标的建议》，建议指出当前世界正在经历百年未有之大变局，新一轮科技革命到来、国际政治格局动态调整，新冠疫情令经济的全球化进程受到冲击。在复杂多变的环境下，我国开启了全面建设社会主义现代化国家的新征程。在"十四五"时期，我国将继续坚持创新驱动发展，全面塑造发展新优势。创新将成为经济增长的新动能，更是实现高质量发展和构建新发展格局的重要驱动力。人力资本是创新的重要载体和源泉。本章在前文的基础上，进一步分析人力资本集聚、空间溢出对城市创新的影响。具体安排如下：第一部分为文献回顾与理论机制分析，第二部分为当前我国创新产出的空间分布状况，第三部分是模型设定与描述性统计，第四部分是实证分析，最后是小结。

第一节 文献回顾与理论机制分析

一、文献回顾

人力资本是创新的重要驱动力。人力资本的空间集聚具有很强的溢出效

— 111 —

应和创新效应（Moretti，2004）。集聚对于创新的作用表现在共享劳动力，提供生产要素；促进分工，分工有利于专业化形成从而促进创新；促进信息传播和知识溢出，产生竞争效应（Krugman，1991）。城市是人力资本集聚的重要空间载体，二者是相辅相成的。当要素集聚程度超过城市承载能力时，集聚产生的拥挤效应就会大于集聚效应，从而抑制城市的创新。

首先，人力资本集聚对创新的影响主要有两条路径。一是正向的溢出。知识和人才通过马歇尔外部性对落后地区产生正的溢出效应为落后地区的学习和模仿创造条件（Moretti，2004）。二是可能因为虹吸效应促使人才、技术、资金等流向人力资本集聚的地区，而对周边地区产生不利影响（Lucas，1990）。周锐波等（2020）利用 2005—2018 年统计年鉴数据探究了 285 个城市劳动力集聚对技术进步的影响，发现劳动力集聚对城市技术进步表现出显著的"拥挤效应"，城市的技术进步正在逐渐转向依靠人力资本要素。马明（2016）使用面板门限模型研究了 1995—2013 年我国省级的区域创新能力，发现人力资本的跨区域溢出效应对相邻区域创新能力影响很大，且因交通基础设施的改善而增强。李晨等（2017）利用 1998—2013 年的省级面板数据，运用空间自回归方法探究空间溢出对区域创新的影响，发现人力资本对创新的影响系数是 R&D 经费内部支出的 2.54 倍，且创新存在显著的空间溢出效应。这说明一个地区的创新溢出会对邻近地区有利，要增强区域创新能力，不仅要增加本地投入，还要充分吸收其他地区的有效溢出。

其次，很多研究关注产业集聚对地区创新的影响。产业集聚如果是同行业企业集聚则有利于企业间的互动，产生技术外溢。当行业多样化时，则能够促进企业与其他行业互补，两种外部性均对创新产生重要影响。黄小勇等（2020）利用 2001—2007 年工业企业数据库和专利数据匹配，通过扩展的专利生产函数发现，产业集聚经济效应解释了专利数量增长的 9.6%。但产业集聚是生产要素集聚的空间表现形式，因而部分文献选择用要素集聚如非农就业密度指标替代产业集聚指标（范剑勇，2006；周圣强等，2013）。

再次，制度环境因素对创新的影响非常重要，尤其是在我国，市场化程度对于各生产要素作用的发挥起着关键作用。新中国成立后，我国经历了计划经济向市场经济转变，由政府在资源配置中起主导作用到市场在资源配置中起决定性作用的转变，市场经济的建立和完善为我国经济发展和地区创新营造了良好的社会大环境。新制度经济学认为制度激励是技术创新的决定性因素。制度环境一般包含行政制度环境、市场制度环境、法律制度环境和社会文化以及对外开放等。徐浩等（2018）通过行政环境、法律环境和文化信用环境指标构建制度环境指标，发现各个制度环境指标每提高 1 个单位，技术创新水平将提高 10% 左右。另外，有研究用地区腐败、市场化进程和知识产权保护表征制度环境，发现地区腐败程度越低，研发投入对创新的作用越强，市场化程度高和知识产权保护水平高的地区区域创新能力更强（吾买尔江·艾山等，2020）。

最后，人力资本、产业结构与制度环境综合作用于创新。当前，部分文献关注人力资本和制度环境相互作用或者人力资本与产业结构的交互作用对创新的影响。人力资本与产业结构升级之间是相辅相成的关系，而且人力资本和产业结构均受到制度环境的调节，三者对区域创新来说至关重要。倪进峰和李华（2017）用 2000—2014 年的省级数据研究发现产业集聚与人力资本和区域创新能力之间具有链式关系，其中人力资本的贡献大于产业集聚，相较于生产性服务业，制造业集聚与人力资本的交互作用更加显著。徐浩和冯涛（2018）用 2008—2018 年的省级面板数据研究高技术产业集聚对技术吸纳的影响，发现人力资本和制度环境是非常重要的中介和调节变量。其中，用市场化指数作为制度环境的代理变量，发现体制改革、制度变迁对于人力资本对技术吸纳发挥显著的调节作用（胡宜挺、高雅琪，2020）。

二、理论机制与研究假设

人力资本的集聚之所以会影响地区的创新产出，其机制首先是人力资本的外部性。这表现在：一方面，推动劳动技能提升。人力资本水平越高，意味着个人的教育程度越高，具有较丰富的科学知识和科技创新力，因而人力资本存量越高的地区创新能力更强（梁军、赵青，2018）。溢出效应使高技能人群集聚能够吸引更多人才流入，促进人们面对面的交流和沟通，产生创意。

高水平的人力资本在空间上的集聚能够增强彼此间的学习、模仿和竞争，从而促进知识的扩散。而劳动技能的提升有利于促进物质资本集聚，共同作用于创新。高技能劳动者与技术之间存在互补，人力资本是技术发展的基石，人力资本的集聚有利于技术的研发，促进创新。这种外部性还表现在高水平人力资本集聚的地区基础设施健全，生活条件便利，文化氛围浓厚，这些更有利于推动整个社会创新能力的提升。另一方面，集聚降低了劳动力市场匹配的成本。集聚使个人与企业的匹配成本降低，人岗匹配更有利于激发人的主观能动性，从而发挥人力资本的作用。其次，集聚促进分工深化，专业技能增强，促进创新。分工的细化能够促进不同产业在同一地区的集聚，以及产业内部的集聚，降低了技术创新扩散的交易成本，有利于知识和技术的溢出。专业化分工能够提高劳动生产率，有利于发明与创造。

本章基于人力资本集聚和空间溢出的角度，探讨人力资本的空间集聚对地区创新的影响。因而提出以下假设：

假设 1：人力资本的空间集聚促进了城市的创新产出。

假设 2：人力资本具有空间溢出效应，本地创新产出受到相邻地区人力资本空间集聚的溢出影响。

第二节　我国创新产出的空间分布

一、创新产出的空间分布

随着经济社会的发展，我国的自主创新能力不断增强，2000—2018 年我国的专利申请总数增长了 31.35 倍，创新能力也有了显著提升。本部分主要描述我国创新产出的空间分布。现有研究一般选择专利申请量、专利授权量、科技活动机构数量以及 R&D 经费内部支出等来刻画创新能力（孙瑜康等，2017；李婧等，2010）。专利授权量（包括发明专利、实用新型专利和外观设计专利）能够体现一个地区的综合创新能力，但是专利授权量存在一定的时滞性，专利申请量更能体现地区在创新方面的速度。因此，本章的创新衡量指标主要采用专利申请量。依旧从宏观和微观两个层面展开：宏观层面，以省级为行政单位，专利申请量数据来自国家统计局。为了和人力资本数据相匹配，主要描述 2000 年、2005 年、2010 年和 2015 年四个时期各个地区专利申请数量的分布情况。微观层面，同样选择该时期市级行政单位层面的企业创新数据，专利数据均源于国家知识产权局。

　　首先，地区间创新产出水平差距较大。按照三大板块东、中、西部划分来看，创新产出水平较高的是东部地区，中部地区次之，西部地区均较低。如图 6-1 所示，东部地区四个时期专利申请数量占比均在 70% 左右，远远高于中西部地区。但从发展趋势来看，东部地区的占比在逐渐下降，中西部地区则呈现上升趋势。从增长速度来看，西部地区的增长速度十分迅速，2000—2015 年专利申请数量增长了 22.87 倍，中部地区增长了 18.69 倍，东部地区是 18.96 倍。

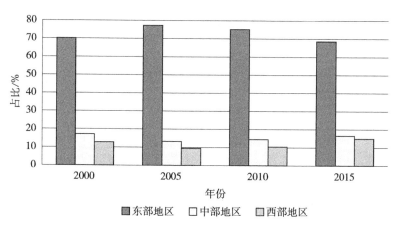

图 6-1　分区域专利申请数量占比

　　其次，从板块内部来看，东部地区创新产出水平较高的是江苏、浙江、广东、山东、北京和上海。如图 6-2 所示，2000 年和 2015 年，地区创新产出的高值点均在东部地区，尤其是江苏和浙江，二者增长率分别达到 155% 和

45.90%，是东部所有省份中增长最快的地区。广东、山东、北京和上海占比较高，但是增长率在下降。中部地区占比较高的省份是湖南、湖北和河南，安徽则是增长最快的省份，2000—2015年增长了2.33倍，是全国所有省份中增长最快的地区。西部地区中，创新产出水平相对较高的是四川、重庆和陕西。其中重庆增长率较高，15年间增长了1.28倍，西部地区省份之间的创新水平差距较大。

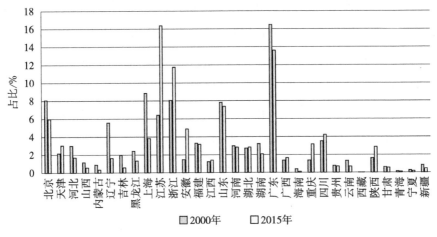

图6-2 地区专利申请数占全国的比例

最后，从微观层面看，创新产出水平在全国呈现"菱形"高值极点，集中在京津冀、长三角、珠三角和成渝地区。长三角地区创新产出高值区面积在扩大，很可能是长三角地区创新产生的空间溢出效应带动了周围地区创新水平的提高。例如，2015年，除北京、上海、天津和重庆四个直辖市外，创新产出占比较高的地区还有无锡、深圳、苏州、宁波、合肥与杭州，见表6-1。

表6-1 地区创新产出占比

地区	比例（%）
无锡	2.56
深圳	5.78

续表

地区	比例（%）
苏州	4.99
宁波	3.60
合肥	2.55
杭州	2.46

二、创新产出与人力资本空间分布的关系

由前文可知，人力资本和创新产出的空间分布具有一定的相似性，下面继续分析人力资本和创新产出之间的关系。根据前文，使用地区高等教育程度人力资本占比指标来分析人力资本与创新产出之间的关系。图6-3是根据2015年的1%人口抽样调查数据和国家统计局的三种专利申请量画出的省级高技能人才与创新产出分布，其中横坐标为省级大专及以上劳动年龄人口占比，纵坐标为省级专利申请数的对数，直线为拟合线。

从图6-3可以看出，广东、上海、江苏、浙江和北京等省市创新产出水平遥遥领先，并且这些省市的人力资本水平也相对突出，如果以北京为高值区的参照，广东和上海的人力资本水平均高于北京，创新产出也高于北京，相对来说，浙江和江苏的人力资本水平低于北京，但是创新产出水平远高于北京。而西部地区处于创新产出和人力资本水平的低值区，仅有个别省市人力资本水平稍高，如陕西和内蒙古。图6-4为市级创新产出与人力资本密度分布。同样，人力资本密度较低的地区创新产出水平也相对低，可以发现地区人力资本水平与创新产出水平具有较强的耦合性。

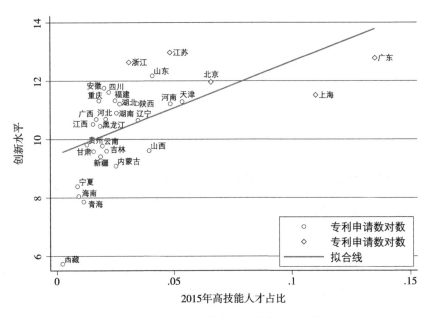

图 6-3 省级创新产出与人力资本密度分布

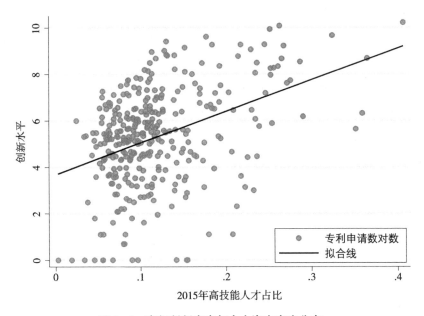

图 6-4 市级创新产出与人力资本密度分布

第三节 模型设定与描述性统计

一、模型设定

利用生产函数对区域创新进行研究，其基本形式如下：

$$Y = F(X, K, u) \tag{6.1}$$

式中，Y 为创新产出；X 为投入，包括劳动力、物质资本等；K 为知识水平；u 为随机误差项。由此出发，建立本章的实证模型。

首先，检验人力资本空间集聚对创新的影响：

$$Inn_{i,t} = \alpha_0 + \beta_0 hum_{i,t} + \gamma_0 X_{i,t} + u_i + \theta_t + \varepsilon_{it} \tag{6.2}$$

$Inn_{i,t}$ 为被解释变量，即 i 城市 t 年的创新产出；核心解释变量 $hum_{i,t}$ 为 i 城市 t 年的人力资本集聚程度；$X_{i,t}$ 为其他影响地区创新的变量；u_i 为个体固定效应；θ_t 为时间固定效应；ε_{it} 为随机干扰项。

其次，考虑到人力资本集聚 $hum_{i,t}$ 因素既包含了集聚效应也包含了空间溢出效应，因而将其分解为：

$$Inn_{i,t} = \alpha_0 + \beta_1 hum*_{i,t} + \beta_2 hum'_{i,t} + \gamma_0 X_{i,t} + u_i + \theta_t + \varepsilon_{it} \tag{6.3}$$

式中，$hum*_{i,t}$ 为本地集聚效应；$hum'_{i,t}$ 为空间溢出效应。根据前文应用 G 指数进行空间过滤的方法，进行回归。

二、描述性统计

本章的人力资本数据依然来自 2000 年、2005 年、2010 年、2015 年四期的人口普查与抽样调查数据。其他人口与经济类指标包括人均 GDP、人口密度、第二产业与第三产业占增加值之比、实际利用外资额、地方政府科技支出等数据均来自对应年份的《中国城市统计年鉴》、《中国区域建设统计年鉴》和《中国城乡建设统计年鉴》。

　　已有研究一般选择专利申请量、专利授权量、科技活动机构数量以及R&D 经费内部支出等来刻画创新能力（孙瑜康等，2017；李婧等，2010）。本章选择专利申请量作为创新能力的表征指标。专利数据是来自国家知识产权局的企业层面的专利数据，根据研究需要将其整理为城市层面专利数据。人力资本空间集聚指标依然遵循前文的设定，即城市 16～60 岁大专及以上学历非在学人口占城市劳动年龄人口的比重。控制变量中，经济发展水平用人均 GDP 衡量，且将人均 GDP 通过 GDP 平减指数进行调整。产业结构用第三产业增加值和第二产业增加值占比来衡量。对外开放程度则用外商直接投资（FDI）实际利用额来衡量。政府支持选择地方财政的科技支出来衡量。市场化程度因素用规模以上外商投资企业工业产值与规模以上企业工业总产值之比表示（见表 6-2）。

表 6-2　变量名称

被解释变量	创新产出	三种专利申请数（地区每万人专利申请数）
核心解释变量	人力资本集聚	16～60 岁大专及以上学历非在学人口/劳动年龄总人口
控制变量	经济发展水平	人均 GDP
	产业结构	第三产业增加值/第二产业增加值
	对外开放程度	外商直接投资（FDI）
	政府支持	财政科技支出/一般预算支出
	市场化程度	外商投资企业工业产值/规模以上企业工业总产值
	人口密度	人/平方公里

　　表 6-3 中各个变量的描述性统计为 2000 年、2005 年、2010 年和 2015 年四期数据的混合截面的样本均值结果，均是城市层面数据，其中人力资本集聚指标包含大专及以上学历和本科及以上学历劳动年龄人口占比。控制变量中将人均 GDP、政府财政支出和实际利用外资数取对数。

表6-3　变量描述性统计

变量名	观测值	均值	标准差	最小值	最大值
每万人专利申请数	1074	1.44	5.30	0	93.36
大专及以上学历人口占比	1276	0.08	0.06	0	0.41
本科及以上学历人口占比	1276	0.03	0.03	0	0.26
人均GDP对数	1071	9.84	0.99	7.73	13.11
第三产业增加值/第二产业增加值	1089	0.88	0.43	0.10	4.04
财政科技支出占比对数	1072	8.50	2.03	3.53	16.15
FDI对数	1026	11.21	2.03	4.42	16.39
人口密度	1073	429.79	324.70	4.72	2539.29
外商投资企业工业产值/规模以上企业工业总产值	1024	0.08	0.10	0.00	0.69

第四节　实证分析

一、面板数据回归

首先对方程（6.2）进行估计，为控制潜在的序列相关和异方差问题，本节均采用以城市聚类的稳健标准误。表6-4中，（1）、（3）列的人力资本集聚变量为大专及以上学历劳动年龄人口占比，（2）、（4）列为本科及以上劳动年龄人口占比。（1）、（2）列为仅控制了人口密度以及时间和城市固定效应，能够看出，人力资本集聚的系数显著为正。（3）、（4）列控制了城市其他影响因素，人力资本集聚的回归系数依然十分显著。整体看来，本科及以上学历的劳动年龄人口占比的回归系数要比大专及以上学历更大。如果大专及以上学历劳动年龄人口占比增加1个百分点，那么城市每万人专利申请数会上升53.78（个/万人）。而城市中本科及以上学历劳动年龄人口占比每增加1个百分点，则城市创新产出会上升79.68（个/万人）。

表6-4　基础回归

项目	大专及以上学历人口占比	本科及以上学历人口占比	大专及以上学历人口占比	本科及以上学历人口占比
	(1)	(2)	(3)	(4)
人力资本集聚	55.766**	86.441***	53.778***	79.677***
	(8.931)	(13.953)	(9.833)	(16.397)
产业结构			1.605***	1.592**
			(0.592)	(0.689)
科技投入			0.906***	0.980***
			(0.245)	(0.262)
FDI			−0.190**	−0.199**
			(0.095)	(0.099)
人均GDP			−0.905	−0.576
			(1.023)	(1.065)
人口密度	0.009	0.010	0.022	0.022*
	(0.009)	(0.009)	(0.013)	(0.013)
年份	Y	Y	Y	Y
城市	Y	Y	Y	Y
常数项	−7.242**	−1.264***	13.092	11.777
	(0.881)	(0.473)	(14.822)	(14.908)
观测值	1071	1071	989	989
R^2	0.712	0.606	0.745	0.739

注：Standard errors in brackets；* $p < 0.1$，** $p < 0.05$，*** $p < 0.01$；下同。

二、工具变量回归

人力资本集聚与城市创新产出之间可能存在内生性问题。一种是互为因果。地区高水平人力资本集聚有利于促进地区创新，同时，创新产出高的地区也会吸引优秀人才流入，二者之间可能存在互为因果的关系。另一种是遗漏变量。虽然文中已经控制了以往研究中较为常见的城市层面的控制变量，但依然可能遗漏了其他与创新产出相关的因素。为了解决内生性问题，需要找到合适的工具变量，同时因为本部分使用的是面板数据，控制了那些不随时间变化的因素的影响，因而，以往文献中常用的早期人口、气候等因素变得不再适用。根据本书第四章的内容，高校扩招对于地区人力资本集聚发挥着至关重要的作用，且扩招政策是全国统一执行的，并非创新产出高的地区才实行扩招，属于政策冲击，具备良好的外生性，因而利用高校扩招作为工具变量比较适合，前文也已经证明高校扩招对地区人力资本集聚产生了正向的促进作用。因此，遵循前文对于高校扩招强度的构建方法，将城市高校扩招强度作为地区人力资本集聚的工具变量，另外，从开始扩招到学生进入劳动力市场需要一定的时间，故将扩招强度滞后 10 年。

　　表 6-5 为应用工具变量的回归结果。（1）、（3）列的解释变量为大专及以上学历劳动年龄人口占比，（2）、（4）列为本科及以上学历劳动年龄人口占比，表格上半部分是一阶段回归结果，可以看出滞后 10 年的高校扩招强度对于地区大专和本科及以上学历劳动年龄人口比例的作用显著为正，且通过了 F 检验，说明城市高校扩招强度越大，越有利于后期城市人力资本集聚。表格的下半部分 Panel B 是使用工具变量后的结果，从（3）、（4）列可以看出，人力资本集聚对城市创新产出的作用依然显著，城市大专及以上学历劳动年龄人口的比例每增加 1 个百分点，城市每万人专利申请数表征的创新产出就会上升 50.81 个。本科及以上学历劳动年龄人口的比例每增加 1 个百分点，城市每万人专利申请数表示的创新产出量会上升 65.65 个。高校扩招强度的工具变量识别出因高校扩招导致的内生变量的处理效应，其经济含义是高校扩招导致的城市人力资本扩张对城市创新产出的影响。因而，那些高校资源丰富的地区，能够积累更丰富的人力资本，从而促进城市的创新产出。

表 6-5　工具变量回归

项目	大专及以上学历人口占比	本科及以上学历人口占比	大专及以上学历人口占比	本科及以上学历人口占比
	(1)	(2)	(3)	(4)
Panel A	因变量：大专/本科以上学历劳动人口占比			
L10. 高校扩招强度	1.710***	1.438***	1.759***	1.362***
	(0.353)	(0.260)	(0.327)	(0.264)
F 检验	23.45	30.62	28.89	26.60
Panel B	因变量：城市创新产出			
人力资本集聚	56.194**	66.838**	50.812*	65.648*
	(27.515)	(32.243)	(26.697)	(34.664)
产业结构			1.266	0.572
			(1.478)	(1.415)
科技投入			0.685***	0.737***
			(0.246)	(0.245)
FDI			0.078	−0.007
			(0.179)	(0.150)
人均 GDP			−1.574	−1.351
			(1.686)	(1.600)
人口密度	−0.026	−0.025**	−0.026**	−0.026**
	(0.012)	(0.011)	(0.012)	(0.011)
年份	Y	Y	Y	Y
城市	Y	Y	Y	Y
观测值	394	394	388	388
R^2	0.137	0.182	0.170	0.199

注：L10. 表示滞后十年。

三、集聚效应与空间溢出效应分解

人力资本的空间集聚对创新产出的效应主要来自两个方面：一是人力资

本在城市集聚,由集聚效应导致的创新产出的增长;二是相邻地区人力资本集聚与本地区的空间相关性导致的空间溢出效应,从而促进本地的创新产出。为了进一步分析人力资本集聚对城市创新产出的集聚效应和空间溢出效应,需要将人力资本进行分解,做法同第四章,依旧使用 G 指数进行空间过滤,对方程(6.3)进行估计。

回归结果如表6-6所示,(1)、(2)列的解释变量为大专及以上学历劳动年龄人口占比,(3)、(4)列解释变量为本科及以上学历劳动年龄人口占比,均根据空间过滤模型进行分解得到本地集聚效应和空间溢出效应。(2)、(4)列为控制了其他城市层面特征后的结果。从(2)列的结果可以看出,大专及以上学历劳动年龄人口占比每增加1个百分点能够促进城市创新产出提高44.46个,不仅如此,还能够促进周围相邻城市的创新产出提高88.61个。本科及以上学历劳动年龄人口占比每增加1个百分点,能够促进城市创新产出提高69.24(个/万人),空间溢出效应达到113.6(个/万人),也就是说,如果一个城市本科及以上学历的人力资本集聚程度越高,则周围相邻城市的创新产出就越高。由此证明,人力资本集聚对城市创新产出在空间上的作用不可小觑。在控制变量中,产业结构和政府的科技投入均起到了比较显著的促进作用。

表6-6 集聚效应与空间溢出效应

项目	大专及以上学历人口占比		本科及以上学历人口占比	
	(1)	(2)	(3)	(4)
集聚效应	44.210***	44.463***	70.767***	69.244***
	(8.367)	(9.038)	(0.139)	(0.161)
空间溢出	86.623***	88.611***	114.573***	113.638***
	(13.522)	(13.270)	(0.225)	(0.240)
产业结构		1.563***		1.882***
		(0.546)		(0.676)

项目	大专及以上学历人口占比		本科及以上学历人口占比	
	(1)	(2)	(3)	(4)
科技投入		0.873 ***		1.001 ***
		(0.231)		(0.258)
FDI		−0.132		−0.173 *
		(0.088)		(0.099)
人均 GDP		−0.790		−0.281
		(1.017)		(1.080)
人口密度	0.024 **	0.022 *	0.025 *	0.023 *
	(0.012)	(0.013)	(0.013)	(0.013)
年份	Y	Y	Y	Y
城市	Y	Y	Y	Y
常数项	−12.253 **	−11.321	−11.005 **	−16.129
	(5.142)	(11.794)	(5.477)	(12.873)
观测值	1063	983	1063	983
R^2	0.745	0.759	0.731	0.746

四、异质性分析

(一) 分专利类型

表 6-7 是分专利类型人力资本集聚对城市创新产出的回归结果, (1) ~ (3) 列为大专及以上学历人力资本集聚的影响, (4) ~ (6) 列为本科及以上学历人力资本集聚对三种创新产出的影响。模型均控制了城市层面的宏观因素以及时间和城市固定效应。从表中可以看出, 每一组回归中, 人力资本集聚的系数均显著为正, 就 (4) ~ (6) 列来说, 本科及以上学历人力资本集聚每增加 1 个百分点, 那么城市每万人发明创新型专利申请数会增加 39.90 个, 实用新型专利会增加 29.38 个, 外观设计会增加 10.40 个。

表 6-7　分专利类型回归

项目	大专及以上学历人口占比			本科及以上学历人口占比		
	(1)	(2)	(3)	(4)	(5)	(6)
	发明	实用新型	外观设计	发明	实用新型	外观设计
人力资本集聚	25.202***	19.853***	8.723***	39.903***	29.376***	10.398***
	(5.048)	(3.592)	(2.207)	(8.089)	(6.562)	(3.517)
产业结构	0.479*	0.753***	0.372*	0.413*	0.750**	0.429*
	(0.257)	(0.269)	(0.202)	(0.233)	(0.319)	(0.226)
科技投入	0.398***	0.341***	0.167**	0.435***	0.368***	0.177**
	(0.119)	(0.082)	(0.076)	(0.126)	(0.087)	(0.080)
FDI	-0.044	-0.079**	-0.067**	-0.046	-0.082**	-0.070**
	(0.046)	(0.036)	(0.026)	(0.047)	(0.038)	(0.027)
人均GDP	-0.496	-0.382	-0.027	-0.394	-0.260	0.079
	(0.513)	(0.436)	(0.247)	(0.517)	(0.456)	(0.268)
人口密度	0.016	0.005	0.001	0.016	0.005	0.001
	(0.010)	(0.003)	(0.001)	(0.010)	(0.003)	(0.001)
年份	Y	Y	Y	Y	Y	Y
城市	Y	Y	Y	Y	Y	Y
常数项	-7.025	-2.113	-1.717	-7.420	-2.817	-2.504
	(7.061)	(4.470)	(2.877)	(7.321)	(4.739)	(3.117)
观测值	989	989	989	989	989	989
R^2	0.746	0.705	0.565	0.743	0.697	0.559

（二）人力资本与其他因素的交互

1. 加入市场化程度因素的交互项

新制度经济学认为，制度激励决定了技术创新。对于处于转型发展阶段的我国来说，市场化程度对于地区创新起着非常重要的作用。1992年，我国建立起社会主义市场经济体制，并不断深化经济体制改革，扩大对外开放，因而国有企业和外资企业的比例都远远高于民营企业。党的十七大报告提出，提高自主创新能力，建设创新型国家。党的十八大报告中也提出实施创新驱动发展战略，并出台了系列激励创新的政策文件。党的十九大报告中提到创新是引领发展的第一动力，是建设现代化经济体系的战略支撑。改革开放四十多年来，我国逐渐建立和健全社会主义市场经济体制，为市场主体的创新营造了良好的制度环境。本部分加入市场化程度因素和人力资本集聚的交互项，有研究使用国有企业主营业务收入占工业企业主营业务收入的比作为市场经济制度的衡量指标（李士梅等，2020）。基于数据，市场化程度指标用规模以上外商投资企业工业产值与规模以上企业工业总产值之比表示，估计方程为：

$$Inn_{i,t} = \alpha_0 + \beta_1 hum_{i,t} + \beta_2 hum_{i,t} market_{i,t} + \beta_3 market_{i,t} + \gamma_0 X_{i,t} + u_i + \theta_t + \varepsilon_{it}$$

$$(6.4)$$

式中，交互项的系数为 β_2，如果人力资本集聚和市场化程度的交互对城市创新产出有显著的影响，则 β_2 显著不为 0。若 β_2 为正，则两者之间对城市创新产出存在相互促进的正向效应；若 β_1 和 β_3 显著，而 β_2 不显著，则说明二者对城市创新产出不存在相互的传导机制，而是分别对城市创新产出产生影响。

回归结果如表6-8所示。（1）、（2）列为基础模型，（3）、（4）列为加入控制变量的结果。从表中可以发现，四个模型中交互项的系数均显著为正，说明市场化程度和人力资本之间存在相互作用的机制，市场化程度越高越有利于发挥人力资本集聚对城市创新产出的促进作用，尤其对于高水平人力资本来说。市场经济体制和人力资本之间是相辅相成的关系，人力资本水平的提高能够促进知识溢出，降低制度变迁的成本，有利于体制机制改革的有效推进，释放生产要素的活力，进一步促进市场经济更加成熟和完善（赖德胜等，2019）。反之，市场化程度的不断提高，为包括人力资本在内的各生产要素提供了良好的制度环境，降低了劳动力市场的分割程度，有利于人力资本的自由流动，从而促进人力资本的生产能力和配置能力的发挥，也更能够激发个体的创造力，推动城市创新能力的提高。

表 6-8　市场化程度回归

项目	大专及以上学历人口占比	本科及以上学历人口占比	大专及以上学历人口占比	本科及以上学历人口占比
	(1)	(2)	(3)	(4)
人力资本集聚	21.640***	25.942*	17.618*	18.322
	(6.882)	(14.589)	(9.464)	(18.737)
人力资本*市场化程度	203.673***	312.043***	196.467***	306.353***
	(56.142)	(1.018)	(57.243)	(1.011)
市场化程度	-12.926***	-5.202	-10.499**	-2.780
	(4.781)	(3.451)	(5.180)	(4.741)
产业结构			1.117*	1.231*
			(0.604)	(0.741)
科技投入			0.867***	0.944***
			(0.209)	(0.227)
FDI			-0.052	-0.114
			(0.086)	(0.092)
人均GDP			-0.581	-0.252
			(1.022)	(1.072)
人口密度			0.020	0.021
			(0.015)	(0.015)
年份	Y	Y	Y	Y
城市	Y	Y	Y	Y
常数项	-1.033*	0.061	-11.929	-14.710
	(0.556)	(0.389)	(12.347)	(13.256)
观测值	1020	1020	960	960
R^2	0.732	0.716	0.767	0.755

2. 加入户籍制度因素的交互项

始于计划经济时期的户籍制度与人力资本要素流动息息相关，随着社会主义市场经济体制的不断完善，现在的户籍制度更多的是与教育、住房、医疗、社会保障等相挂钩，成为资源分配的依据。户籍制度是影响人力资本流动的最直接因素，影响了人力资本在城市的集聚，为了探究在户籍约束的背景下，人力资本集聚对城市创新的影响，本部分将在原来模型的基础上加入人力资本集聚与户籍制度的交互项。户籍制度指标使用城市迁入人口占城市本地人口的比例来表示，城市迁入人口同前文一样包括跨省迁入和同省跨市迁入。则回归方程如下：

$$Inn_{i,t} = \alpha_0 + \beta_1 hum_{i,t} + \beta_2 hum_{i,t} mirgant_{i,t} + \beta_3 mirgant_{i,t} + \gamma_0 X_{i,t} + u_i + \theta_t + \varepsilon_{it}$$

$$(6.5)$$

式中，$mirgant$ 为城市外来人口与本地人口的比例。

回归结果如表 6-9 所示，同样可以看到，交互项的系数显著为正，城市迁移人口占比每增加 1 个百分点，则大专及以上学历人力资本影响的城市创新产出会增加 111.96，本科及以上人力资本则是 113.97。由此可以看出，城市户籍门槛越低，越有利于人才流入，促进人力资本在城市的积累，从而发挥人力资本的外部性，推动城市创新发展。

表 6-9　户籍制度回归

项目	大专及以上学历人口占比	本科及以上学历人口占比	大专及以上学历人口占比	本科及以上学历人口占比
	(1)	(2)	(3)	(4)
人力资本集聚	15.486**	13.715	20.976***	22.934
	(6.213)	(10.634)	(7.540)	(14.287)
人力资本 * 户籍制度	99.680***	101.885***	111.963***	113.970***
	(9.427)	(9.357)	(18.068)	(18.252)

项目	大专及以上学历人口占比	本科及以上学历人口占比	大专及以上学历人口占比	本科及以上学历人口占比
	(1)	(2)	(3)	(4)
户籍制度	−6.672***	−6.852***	−8.004**	−8.218**
	(2.120)	(2.152)	(3.201)	(3.263)
产业结构			−0.104	0.036
			(0.413)	(0.456)
科技投入			0.667***	0.686***
			(0.184)	(0.193)
FDI			−0.098	−0.107
			(0.068)	(0.071)
人均GDP			−1.689**	−1.431*
			(0.783)	(0.808)
人口密度			−0.012*	−0.012
			(0.007)	(0.007)
年份	Y	Y	Y	Y
城市	Y	Y	Y	Y
常数项	−0.573	0.304	16.316**	14.743*
	(0.649)	(0.458)	(7.799)	(7.909)
观测值	1073	1073	989	989
R^2	0.848	0.846	0.862	0.860

3. 非线性效应与调节效应

为进一步探讨创新与人力资本集聚和地区人口密度的关系，本部分选择加入人口密度与人力资本集聚的交互项，用来测量人口密度对城市创新产出的调节效应。此外，还加入了人力资本集聚的二次项，用来分析城市人力资本集聚与城市创新产出之间是否存在非线性关系。回归结果如表6-10所示，（1）和（2）列为基础回归，（3）和（4）列为控制了城市层面因素的回归。（3）和（4）列的回归结果显示，人口密度与人力资本的交乘项系数在5%的水平下显著为正，说明随着人口密度的增加，大专及本科以上学历劳动年龄人口比重越高，城市创新产出就越高，即城市人口规模的增大，能够促进人力资本在城市集聚，从而促进城市的创新产出。

加入二次项的回归结果显示，一次项显著为正，二次项显著为负，说明人力资本集聚与城市创新产出之间可能存在"倒 U 形"关系，即随着人力资本集聚程度的增强，城市创新产出会提高，但当人力资本集聚的规模达到一定程度以后，城市的创新产出会随着集聚的继续上升而下降。这说明人力资本集聚所产生的知识溢出效应与规模经济会在初始阶段发挥较强的正外部性作用，促进城市的创新。但是当人力资本集聚的程度超过了城市的承载力时，就会导致拥挤效应产生，也就是出现前文提到的互相模仿，从而不利于城市创新产出。因为城市资源是有限的，人力资本集聚程度过高时，会使城市资源的人均占有量下降，交通拥堵、环境舒适度和公共基础设施享有率下降，这些都会影响城市对创新人才的吸引。

表6-10　非线性效应与调节效应

项目	大专及以上学历人口占比	本科及以上学历人口占比	大专及以上学历人口占比	本科及以上学历人口占比
	(1)	(2)	(3)	(4)
人力资本集聚	34.066*	69.993*	50.232*	84.946*
	(20.006)	(36.860)	(26.267)	(46.407)
人力资本集聚 * 人口密度	0.047**	0.080*	0.051**	0.093**
	(0.021)	(0.042)	(0.024)	(0.044)
人力资本集聚平方项	-32.154	-227.850	-93.679*	-382.786**
	(45.317)	(179.122)	(50.094)	(185.828)
人口密度	-0.001	0.004	0.011	0.013
	(0.011)	(0.009)	(0.018)	(0.017)
产业结构			1.812**	1.877**
			(0.746)	(0.786)

项目	大专及以上 学历人口占比	本科及以上 学历人口占比	大专及以上 学历人口占比	本科及以上 学历人口占比
	(1)	(2)	(3)	(4)
科技投入			0.869 ***	0.988 ***
			(0.219)	(0.241)
FDI			−0.156 *	−0.153 *
			(0.086)	(0.087)
人均 GDP			−0.770	−0.683
			(0.985)	(1.014)
年份	Y	Y	Y	Y
城市	Y	Y	Y	Y
常数项	−2.507	−3.167	−8.188	−9.301
	(5.026)	(4.036)	(13.661)	(13.763)
观测值	1071	1071	989	989
R^2	0.724	0.720	0.754	0.750

4. 分企业类型的集聚效应与空间溢出效应

人力资本集聚对城市创新有显著的促进作用。为了进一步探究人力资本集聚对哪一种企业类型的影响较大，本部分根据创新数据中企业的登记类型码，对企业类型进行分类，包括国有企业、私营企业、外商投资企业和其他企业等四种类型。其中，国有企业包括国有联营企业、集体企业、集体联营企业、国有独资企业；私营企业包括私营独资企业、私营合伙制企业、私营有限责任公司、私营股份有限公司、股份合作企业、股份有限公司；外商投资企业包括港、澳、台商投资企业、合作经营企业（港或澳台资）、合作经营企业（港或澳台资）、外商投资股份有限公司、外资（独资）企业、港澳台商投资股份有限公司、港澳台独资企业以及其他外商投资企业，其余的企业类型归为其他。表6-11为控制企业类型的回归结果。

表 6-11　控制企业类型回归

项目	大专及以上学历人口占比	本科及以上学历人口占比	大专及以上学历人口占比	本科及以上学历人口占比
	(1)	(2)	(3)	(4)
集聚效应	18.126***	23.870***	19.436***	23.712***
	(5.532)	(7.967)	(6.424)	(9.100)
空间溢出	29.518***	32.330***	32.355***	32.930**
	(6.765)	(11.186)	(8.148)	(13.994)
企业类型（以外商投资企业为参照）				
国有企业	0.835**	0.876**	0.827**	0.890**
	(0.361)	(0.371)	(0.374)	(0.389)
私营企业	0.675**	0.676**	0.753***	0.747***
	(0.264)	(0.265)	(0.276)	(0.277)
其他企业	0.693*	0.644*	0.742*	0.692*
	(0.371)	(0.366)	(0.390)	(0.387)
产业结构			0.068	0.335
			(0.344)	(0.368)
科技投入			0.342**	0.385**
			(0.163)	(0.178)
FDI			−0.037	−0.063
			(0.042)	(0.046)
人均 GDP			−0.497	−0.150
			(0.772)	(0.748)
人口密度			0.001	0.001
			(0.002)	(0.002)
年份	Y	Y	Y	Y
城市	Y	Y	Y	Y
常数项	−1.494**	−0.717	0.282	−2.800
	(0.678)	(0.455)	(6.534)	(6.371)

续表

项目	大专及以上 学历人口占比	本科及以上 学历人口占比	大专及以上 学历人口占比	本科及以上 学历人口占比
	(1)	(2)	(3)	(4)
观测值	1001	1001	933	933
R^2	0.564	0.547	0.574	0.557

以外商投资企业为参照，从（3）、（4）列可以看出，国有企业、私营企业和其他企业的回归系数均显著为正，且国有企业的系数最大。这说明相对于外商投资企业来说，人力资本集聚在国有企业中的集聚和空间溢出效应更加明显，而对于外商投资企业来说则相对较弱。这和已有研究的结论相符。李建强和赵西亮等（2019）的研究显示，教育扩招带来的人力资本冲击对于国有企业的创新影响更加明显。而人力资本集聚效应在外商投资企业中并不明显，原因可能是高水平人力资本更偏好进入国有企业，在我国对于高技能人才来说，国有企业在人员编制、社会保障与福利等方面更具有吸引力。

5. 分区域回归

我国地域辽阔，东、中、西部地区之间资源分布、经济发展、人口分布等均存在较大差异，为了进一步探究人力资本空间集聚对城市创新产出在区域上的不同影响，有必要按照区域划分进行回归。结果如表 6-12 所示，第 2~4 列为加入人力资本集聚二次项的回归结果，后三列为集聚效应与空间效应分解的结果。从第 2~4 列可以看出，对于东部地区来说，人力资本的一次项和二次项均十分显著，且一次项回归系数为正，二次项的回归系数为负，说明东部地区人力资本集聚与城市创新产出呈现"倒 U 形"曲线的关系，随着人力资本集聚程度的增加，东部地区的创新产出会上升，但是超过一定的门槛值后，拥挤效应就会凸显，从而不利于城市的创新。中部地区一次项回归系数不显著，但是二次项系数显著为正，说明在中部地区人力资本集聚与城市创新产出并不存在"倒 U 形"关系，而西部地区加入二次项之后系数变得不再显著，这说明在中部地区和西部地区对人力资本的需求依然十分迫切，这和前文对我国人力资本空间分布的分析相一致，尤其中部地区人才流失相对严重。

从后三列的回归结果可以看出，人力资本对城市创新产出的集聚和空间效应在东、中、西部均较为显著。东部地区的集聚效应和空间溢出效应最高，中部地区次之，西部地区最低，呈现出从东到西递减的趋势。东部地区的城市体系呈现多核心结构（李平华、宋灿，2020），很多城市是经济增长的高值点，大部分城市本身就具有较强的吸引力，人力资本集聚的水平较高，因而对城市创新产生的集聚效应也最高。而西部地区城市体系是单中心结构，中心城市和其他城市在经济发展方面呈现极化现象（李平华、宋灿，2020），大部分城市对人力资本的吸引力较弱，因而集聚效应对创新产出的影响较低。空间溢出效应表明，越是临近人力资本水平高的地区，越有利于本地的创新发展。中部地区与东部地区相邻，能够享受到东部地区人力资本的空间溢出效应红利，因而中部地区的空间溢出效应对创新产出的影响要高于西部地区。

表 6-12　分区域回归

项目	东部	中部	西部	东部	中部	西部
人力资本集聚	148.073 *** (35.764)	-0.848 (11.965)	1.222 (4.946)			
人力资本集聚平方项	-199.535 ** (92.909)	70.259 ** (34.907)	23.535 (14.745)			
集聚效应				50.760 *** (17.572)	21.223 *** (7.511)	9.113 ** (3.554)
溢出效应				110.738 *** (24.542)	31.765 *** (11.622)	11.645 * (6.625)
产业结构	2.367 (1.872)	0.009 (0.391)	0.138 (0.177)	1.651 (1.472)	0.138 (0.398)	0.266 (0.179)
科技投入	1.286 *** (0.478)	0.852 *** (0.294)	0.016 (0.066)	1.248 *** (0.433)	0.815 *** (0.282)	0.048 (0.076)

续表

项目	东部	中部	西部	东部	中部	西部
FDI	0.112	−0.003	−0.012	0.063	−0.009	−0.009
	(0.353)	(0.062)	(0.033)	(0.360)	(0.066)	(0.034)
人均 GDP	−0.022	0.230	−0.279	0.054	0.177	−0.405*
	(2.327)	(0.618)	(0.215)	(2.378)	(0.627)	(0.234)
人口密度	0.041***	−0.012***	0.004	0.039***	−0.011**	0.005
	(0.008)	(0.004)	(0.006)	(0.006)	(0.004)	(0.006)
年份	Y	Y	Y	Y	Y	Y
城市	Y	Y	Y	Y	Y	Y
常数项	−46.925*	−4.073	1.235	−38.794*	−4.707	1.567
	(24.386)	(6.082)	(3.022)	(22.976)	(6.163)	(3.159)
观测值	347	387	228	341	387	228
R^2	0.794	0.678	0.697	0.797	0.673	0.691

五、稳健性检验

(一) 去除直辖市

我国省市行政单位层级较多，且北京、天津、上海和重庆四个直辖市因为政策、历史积累等因素，经济发展水平远高于其他的地区，为了检验上述回归结果的稳健性，本部分将去除四个直辖市进行回归。回归结果如表6-13所示，(1)、(2) 列为人力资本集聚对城市创新的普通面板数据回归，(3)、(4) 列是对人力资本集聚进行分解后的回归。可以看出，人力资本集聚对城市创新产出的影响依然显著为正，而且和前文基础回归结果相差无几。同样，对于集聚效应和空间效应的分解结果也和前文的回归结果十分接近，由此说明人力资本集聚以及空间溢出效应对于城市创新产出的作用确实明显且也证明了回归结果的稳健性和可靠性。

表6-13 去除直辖市回归

项目	大专及以上学历人口占比	本科及以上学历人口占比	大专及以上学历人口占比	本科及以上学历人口占比
	(1)	(2)	(3)	(4)
人力资本集聚	53.332***	79.722***		
	(10.083)	(17.512)		
集聚效应			43.496***	69.328***
			(9.229)	(17.249)
溢出效应			91.283***	116.080***
			(13.484)	(24.672)
产业结构	1.623**	1.752**	1.437**	2.089***
	(0.696)	(0.772)	(0.637)	(0.765)
科技投入	0.997***	1.075***	0.941***	1.095***
	(0.247)	(0.266)	(0.237)	(0.262)
FDI	−0.198**	−0.204**	−0.141	−0.180*
	(0.094)	(0.099)	(0.088)	(0.099)
人均GDP	−0.901	−0.528	−0.865	−0.204
	(1.046)	(1.082)	(1.049)	(1.099)
人口密度	0.022	0.022*	0.022*	0.023*
	(0.013)	(0.014)	(0.013)	(0.013)
年份	Y	Y	Y	Y
城市	Y	Y	Y	Y
常数项	−11.290	−13.863	−10.637	−17.579
	(12.504)	(13.056)	(12.392)	(13.263)
观测值	975	975	969	969
R^2	0.743	0.736	0.758	0.744

(二) 使用专利授权量

为了检验创新结果的稳健性,本部分将三种专利授权量作为被解释变量进行回归，回归结果如表 6-14 所示，依然可以看出，人力资本集聚以及集聚效应与溢出效应的系数十分显著，且本科及以上学历人力资本集聚对创新的正向影响更高，这和前文的结论一致，且系数大小方面差异相对较小，再次证明了上文回归结果的稳健性。

表 6-14 专利授权量回归

项目	大专及以上学历人口占比	本科及以上学历人口占比	大专及以上学历人口占比	本科及以上学历人口占比
	(1)	(2)	(3)	(4)
人力资本集聚	49.807***	75.821***		
	(9.038)	(15.803)		
集聚效应			38.848***	61.708***
			(8.478)	(15.715)
溢出效应			91.563***	126.113***
			(12.308)	(20.352)
产业结构	1.647***	1.588**	1.524***	1.782***
	(0.579)	(0.682)	(0.502)	(0.644)
科技投入	0.845***	0.915***	0.794***	0.926***
	(0.208)	(0.217)	(0.181)	(0.202)
FDI	-0.166*	-0.172*	-0.095	-0.129
	(0.086)	(0.090)	(0.079)	(0.087)
人均 GDP	-1.457*	-1.194	-1.358	-0.890
	(0.863)	(0.901)	(0.827)	(0.888)
人口密度	0.022*	0.023*	0.023*	0.024*
	(0.012)	(0.012)	(0.012)	(0.012)
年份	Y	Y	Y	Y
城市	Y	Y	Y	Y
常数项	-5.193	-6.553	-5.262	-9.996
	(9.753)	(10.258)	(9.261)	(10.365)

续表

项目	大专及以上 学历人口占比	本科及以上 学历人口占比	大专及以上 学历人口占比	本科及以上 学历人口占比
	(1)	(2)	(3)	(4)
观测值	989	989	983	983
R^2	0.718	0.711	0.746	0.729

(三) 空间杜宾模型回归

为了检验上述空间溢出效应的稳健性，本部分选择空间计量经济学的方法，建立空间杜宾模型，该模型能够根据空间效应作用的范围和对象的不同，将空间计量模型中自变量对因变量的影响分为直接效应、间接效应（空间溢出效应）和总效应，以此来识别地区人力资本空间集聚对创新产出的集聚效应和溢出效应。由于 i 城市的人力资本集聚会受到 j 城市人力资本集聚水平的影响。模型设定如下：

$$Inn_{it} = \beta_0 + \rho W_{ij} Inn_{it} + \beta_1 hum_{it} + \delta W_{ij} hum_{jt} + \gamma X_{it} + \eta W_{ij} X_{jt} + u_{it} \qquad (6.6)$$

式中，Inn_{it} 为观测单位 i 在时间 t 上的被解释变量也就是 i 城市的创新产出，$i = 1, \cdots, N$，$t = 2000$，2005，2010，2015；ρ 为空间自回归系数，反映了空间邻近城市创新产出对于本城市创新产出的影响程度；hum_{it} 为本地人力资本集聚对创新产出的影响；W_{ij} 是空间权重矩阵 W 的第 i 和 j 个元素；$W_{ij} hum_{jt}$ 为邻近区域人力资本集聚程度；δ 则反映了邻近城市的人力资本集聚程度对本地创新的影响；X_{it} 为影响本地城市创新产出的控制变量；X_{jt} 为邻近地区影响本地创新的控制变量；μ_{it} 为误差项。

因为知识和教育具有空间溢出效应，空间权重矩阵的选择十分重要，人力资本的分布很可能受地缘关系影响，因而，选择传统的二元毗邻矩阵：

$$W_{ij} = \begin{cases} 0, & i \text{ 与 } j \text{ 不相邻} \\ 1, & i \text{ 与 } j \text{ 相邻} \end{cases} \qquad (6.7)$$

回归结果如表6-15所示，第2~4列为大专及以上学历人力资本集聚对城市创新产出的影响，后三列为本科及以上学历人力资本集聚对城市创新产出的影响。从表中可以看出，人力资本集聚的系数显著为正，以大专及以上学历为例，直接效应即人力资本的本地集聚每增加1个百分点，则城市创新产出会上升43.55个（前文空间效应分解的回归结果为44.46个），间接效应显示了相邻地区大专及以上劳动年龄人口占比每增加1个百分点，本地城市的创新产出会上升83.66个（前文空间效应分解回归结果为88.61个），再次证明了人力资本集聚对城市创新产出的空间溢出效应。此外，空间自回归系数 ρ 显著为正，说明了城市之间的创新产出也存在空间相关性，如果相邻地区城市的创新产出较高，能力较强，就会有利于促进本地区的创新发展。

表6-15　空间杜宾模型回归

项目	大专及以上学历人口占比			本科及以上学历人口占比		
	直接效应	间接效应	总效应	直接效应	间接效应	总效应
人力资本集聚	43.554***	83.662**	127.216***	65.669***	101.082	166.751**
	(9.837)	(35.040)	(39.653)	(15.294)	(63.994)	(69.367)
产业结构	0.653	−0.409	0.243	0.664	1.123	1.787
	(0.635)	(1.719)	(1.733)	(0.499)	(2.068)	(2.010)
科技投入	0.467***	−0.177	0.290	0.458**	−0.084	0.374
	(0.170)	(0.407)	(0.372)	(0.182)	(0.411)	(0.388)
FDI	−0.027	−0.289	−0.316	−0.049	−0.389	−0.439
	(0.098)	(0.472)	(0.495)	(0.107)	(0.536)	(0.575)
人均GDP	−1.696***	−2.591	−4.287*	−1.404***	−1.090	−2.495
	(0.571)	(2.278)	(2.200)	(0.536)	(2.340)	(2.234)
人口密度	0.023*	0.022	0.045*	0.022*	0.024	0.046*
	(0.013)	(0.018)	(0.024)	(0.013)	(0.020)	(0.025)
年份	Y	Y	Y	Y	Y	Y
城市	Y	Y	Y	Y	Y	Y

项目	大专及以上学历人口占比			本科及以上学历人口占比		
	直接效应	间接效应	总效应	直接效应	间接效应	总效应
ρ	0.538 ***			0.564 ***		
	(0.052)			(0.050)		
观测值	844			844		
R^2	0.078			0.084		

为了检验以上空间杜宾回归结果的稳健性，接下来根据各个城市的经纬度构建地理距离空间权重矩阵：

$$W_{ij} = \begin{cases} 0, & i = j \\ \dfrac{1}{d_{ij}^2}, & i \neq j \end{cases} \qquad (6.8)$$

式中，d_{ij} 为 i 城市和 j 城市之间的地理距离。

回归结果如表 6-16 所示，依然能够证明人力资本的集聚效应与溢出效应对于城市创新产出的重要性。同时，这也表明人们所认为的发达城市对邻近城市人力资本的"虹吸效应"并未得到验证。

表 6-16　地理距离权重矩阵回归

项目	大专及以上学历人口占比			本科及以上学历人口占比		
	直接效应	间接效应	总效应	直接效应	间接效应	总效应
人力资本集聚	39.633 ***	92.419 **	132.053 ***	57.390 ***	194.671 ***	252.061 ***
	(8.621)	(41.490)	(42.685)	(13.646)	(70.919)	(71.123)
产业结构	1.331 **	3.139	4.469	1.318 ***	1.565	2.884
	(0.540)	(2.633)	(2.837)	(0.506)	(2.393)	(2.672)
科技投入	0.379 **	0.089	0.468	0.392 **	0.111	0.503
	(0.155)	(0.501)	(0.560)	(0.158)	(0.498)	(0.574)
FDI	−0.061	−0.322	−0.383	−0.063	−0.311	−0.374
	(0.080)	(0.848)	(0.880)	(0.084)	(0.788)	(0.819)

项目	大专及以上学历人口占比			本科及以上学历人口占比		
	直接效应	间接效应	总效应	直接效应	间接效应	总效应
人均GDP	-0.370	-4.553	-4.923*	-0.103	-4.465**	-4.569**
	(0.795)	(2.845)	(2.964)	(0.762)	(2.232)	(2.255)
人口密度	0.020	0.019	0.039	0.021*	0.018	0.038
	(0.012)	(0.022)	(0.031)	(0.013)	(0.022)	(0.032)
年份	Y	Y	Y	Y	Y	Y
城市	Y	Y	Y	Y	Y	Y
ρ	0.627***			0.631***		
	(0.074)			(0.076)		
观测值	844			844		
R^2	0.138			0.137		

第五节　本章小结

　　本章使用2000年、2005年、2010年和2015年的人口普查与全国1%人口抽样调查的样本数据，并且收集对应年份的城市专利数据，描述和分析了城市创新产出的空间分布，以及人力资本集聚和空间溢出对城市创新产出的影响。

　　首先，人力资本空间集聚促进了城市的创新产出。基础面板回归模型表明，如果大专及以上劳动年龄人口占比增加1个百分点，那么城市的每万人专利申请数会上升53.78个。而城市中本科及以上学历劳动年龄人口占比每增加1个百分点，则城市创新产出会上升79.68（个/万人）。为了解决城市人力资本集聚与城市创新产出之间可能存在内生性问题，根据前文第三章对于高校扩招强度的构建方法，将滞后10年的高校扩招强度作为地区人力资本集聚的工具变量，人力资本集聚对城市创新产出的作用依然十分显著，城市大专及以上学历劳动年龄人口的比例每增加 1 个百分点，则城市每万人专利申请数表示的创新产出会上升 50.81 个。本科及以上学历劳动年龄人口的比例每增加 1 个百分点，则城市每万人专利申请数表示的创新产出会上升 65.65 个。这也说明了高校扩招导致的城市人力资本扩张对城市创新产出的影响。因此，假设 1 得到验证，即人力资本的空间集聚有利于城市创新产出的提高。

其次，根据前文对于人力资本空间集聚的分解方法，本章同样将人力资本对创新产出的效应分解为集聚效应和溢出效应。研究发现，大专及以上学历劳动年龄人口占比每增加 1 个百分点能够促进城市创新产出提高 44.46（个/万人），溢出效应表明人力资本集聚可以促进周围相邻城市的创新产出提高 88.61。本科及以上学历劳动年龄人口占比每增加 1 个百分点，能够促进城市创新产出提高 69.24（个/万人），空间溢出效应达到 113.6（个/万人），由此假设 2 本地创新产出受到相邻地区人力资本空间集聚溢出效应的正向影响得到验证。

再次，异质性分析显示，人力资本集聚对发明创新型专利的效应更加显著；市场化程度与人力资本集聚的交互分析，证明了市场经济越成熟越有利于发挥人力资本集聚对城市创新产出的促进作用，尤其是高水平人力资本；户籍制度与人力资本的交互作用表明，城市户籍门槛的降低能够促进人力资本的流入，从而提高城市创新产出；城市人口密度与人力资本的交互回归显示随着城市人口密度的增大，人力资本在城市的集聚程度会上升，有利于促进城市的创新产出。加入人力资本的平方项以后，发现二次项系数为正，说明人力资本集聚所产生的知识溢出效应与规模经济会在初始阶段发挥较强的正外部性作用，促进城市的创新。但是当人力资本集聚的程度超过城市的承载力时，就会导致拥挤效应产生，而且人力资本集聚与城市创新产出之间这种"倒 U 形"曲线的关系仅在东部地区出现，中西部地区依然是人力资本不足的地区；从企业类型来看，人力资本集聚在国有企业中的集聚和空间溢出效应更加明显。

最后，空间杜宾模型结果不仅验证了人力资本集聚对创新产出的空间溢出效应，还揭示了城市创新产出水平也会受到邻近城市创新产出的影响，即城市创新能力也存在空间溢出效应。人力资本空间集聚对城市创新产出的虹吸作用在本研究中并没有得到证实。

以上结论证明了人力资本集聚和空间溢出效应对城市创新产出的重要影响。创新驱动将成为未来中国经济发展转型升级的新动能，创新将驱动发展和引领发展（张车伟，2017）。构建"更有效率、更高质量、更加公平、更可持续、更为安全"的新发展格局，离不开创新驱动的发展战略。要促进创新发展，提高创新能力，缩小地区间的发展差距，不仅需要提高城市自身的人力资本密度，还需要充分利用相邻地区人力资本的空间溢出效应（赖德胜等，2020）。因此，需要进一步深化要素市场化配置改革，打破人力资本市场分割和垄断；完善市场经济体制，建立健全现代化经济体系，促进各市场要素活力竞相迸发；改革户籍制度，降低人才合理流动的门槛，充分发挥人力资本的空间溢出效应。

| 第七章 |

结论与政策建议

　　本研究使用我国 2000 年和 2010 年的人口普查数据以及 2005 年和 2015 年的全国 1% 人口抽样调查数据的样本数据和城市专利数据对我国人力资本空间集聚状况、对城市劳动技能结构分化以及城市创新产出的影响进行了探究。第三章以市级行政单位作为空间单元，对我国人力资本空间分布的状况及演变进行了分析。第四章从人力资本供给的角度，探究了地区人力资本积累以及高校扩招对城市人力资本集聚短期和长期的影响。第五章重点探究了高技能人力资本的集聚对城市不同技能水平劳动者就业的影响。第六章研究了人力资本集聚及其空间溢出效应对城市创新产出的影响。本章将对上述章节的结论进行总结，并在此基础上提出政策建议和未来的研究展望。

第一节　结　论

　　通过对人力资本空间分布特征与演变的描述性分析，以及对人力资本积累、高校扩招对人力资本空间集聚的影响、人力资本集聚与城市劳动技能结构分化的关系、人力资本集聚及空间溢出对城市创新产出影响的实证分析，本研究得出以下七个结论。

一、我国人力资本空间集聚程度增强，地区差异明显

　　第一，我国人力资本空间分布总体特征为东南密集，西北稀疏。人力资

本的空间集聚由西向东、由北向南增强。人力资本集聚在京津冀、长三角、珠三角和成渝地区的自我强化趋势不断增强。

第二，分区域来看，人力资本水平的高地始终为东部地区，中部地区其次，西部地区相对较低。东部沿海地区人力资本集聚极化程度增强，且长三角为中心向南北呈带状延伸；中部省份集聚并不明显，但人力资本在区域内部呈现向长江沿线集聚的趋势；西部板块人力资本水平变化不明显；东北地区集聚程度下降，区域内部人力资本空间分布逐渐南移。

二、发达城市成为人力资本集聚增长点，"双城并立"彰显集聚新特色

第一，分经济区的研究发现，京津冀经济圈人力资本依然以北京和天津为中心，集聚极化严重；长三角经济圈人力资本以上海为集聚中心向周围扩散；珠三角九市人力资本集聚以广州、深圳为增长极点，相邻城市增长较快；成渝地区双城经济圈人力资本向成都和重庆集聚，其余地区相对较低。从总体来看，长三角经济圈和珠三角九市人力资本集聚现象相对突出，且有向周边城市扩散的趋势，在辐射带动周边地区人力资本发展水平方面效应明显。

第二，从省市内部来看，北京、上海、广州的人力资本水平始终是全国人力资本的高值点，相对来说，省会城市人力资本集聚程度较高，近年来部分省会城市成功跻身于新一线城市，这些新一线城市的崛起，塑造了人力资本集聚新的增长点，如山西太原、河南郑州、陕西西安和湖北武汉等。值得注意的是，部分地区呈现"双城并立"的特征，即除省会城市外，经济发达的"第二城"也成为人力资本的重点集聚区，如山东的济南和青岛、江苏的南京和苏州、广东的广州和深圳、福建的福州和厦门等。这些地区的人力资本集聚既源于本地高水平人才的培养，也受益于发达的经济、特色产业结构等对人才吸引力的增强。

三、高校扩招促进地区人力资本积累，集聚效应存在较大地区差异

第一，地区人才培养和人力资本积累对于未来城市高水平人力资本集聚

起到促进作用。研究显示，大专及以上在校生人数占比每增加 1 个百分点，在短期内，城市劳动年龄人口中大专及以上学历人口的比例的增量就会增长 1.21 个百分点，而在长期则会增长 3.13 个百分点。分区域看，地区人才培养规模的作用是东部较高，中西部地区相对要弱。这在一定程度上反映出，中西部地区人才培养规模对人力资本集聚和吸引人才流入的作用更小，更可能是人力资本流失的地区。东部地区能够凭借发达的经济、优化的产业结构、健全的社会保障及良好的基础设施在短期内吸引人才，在长期内留住人才，实现人力资本集聚的自我强化。因而，加大中西部地区人才培养对地区人力资本积累和长远发展更加重要。

第二，高校扩招直接增加了本地人才培养的规模而促进了人力资本集聚。研究结果显示，高校扩招对于城市人力资本集聚具有极其重要的影响。人均扩招增量每增加 1 人，劳动年龄人口中大专及以上学历的人口比重在短期内的增加值将提高 4.17 个百分点，加入工具变量后增加为 8.33 个百分点。而长期影响显示，人均扩招增量每增加 1 人，劳动年龄人口中大专及以上学历的人口比重的增加值将提高近 8 个百分点，加入工具变量后提高近 23 个百分点。在区域分布上则西部地区的长期效应最为显著。这是我国教育资源分布不均衡的结果，中西部地区经济发展水平相对落后，教育资源匮乏，地区人才培养的规模较小，短期内即使受益于高校扩招政策更多的人接受了高等教育，但同时他们的流动能力也相应增强，使中西部地区沦为人才流失的区域。长期效应也在一定程度上说明了落后地区更应发展教育、培养人才，这对地区的长期可持续发展更加重要。人力资本积累与集聚之间的循环累积效应的实现是与经济发展、产业结构优化升级、就业条件改善等密切相关的，否则，即使人力资本的供给增加，也难以避免人才的流失。

四、高技能人力资本的集聚加剧了城市劳动技能结构分化，高低技能互补关系并不明显

第一，城市高技能人群的集聚为高技能劳动者创造了更多的就业机会，但对中等技能劳动者呈现挤出效应，城市高低技能互补的趋势并不明显。对于高技能劳动者来说，城市前期的高技能就业人口占比提高 1 个百分点，能够使以后城市高技能人口占比增加 0.25 个百分点，还能够促进迁入人口中高技能就业人口的比例上升 0.4 个百分点，却会减少中等技能人群的就业达到 0.13 个百分点，对于低技能迁入人口的就业占比来说，更会降低 0.43 个百分点。从空间的角度看，城市高技能人群集聚的溢出效应能够提高相邻地区的高技能人才就业占比达 0.77 个百分点。而中等技能劳动者就业占比会减少 0.38 个百分点，对于迁入的高技能人口就业来说，这种溢出效应的影响达到 1.44 个百分点，但也降低了中等技能迁入人口的就业近 0.6 个百分点。这说明高技能人力资本集聚对于中等技能人群的就业来说产生了挤出效应，对低技能水平人口的就业影响均不显著。

第二，城市高技能人群集聚对高技能劳动者就业的集聚效应与空间溢出效应在东部和西部地区以及大城市更加显著。东部地区城市高技能就业占比增加 1 个百分点，周围相邻城市的高技能人群就业占比会提高 0.98 个百分点。对中等技能人群的就业则呈现了明显的挤出效应，对低技能人群就业的作用不明显。西部地区的高技能人群就业集聚对后期本地高技能人群就业的正向影响达到 0.49 个百分点，溢出效应为 0.41 个百分点。对于中等技能人群的就业同样出现挤出效应，对于低技能人群的就业来说，只有空间溢出效应为正。而在东部城市溢出效应大于集聚效应，西部则是集聚效应大于溢出效应。这可能是因为东部地区城市体系是多核心的结构。大城市比较集中，各等级城市经济活跃，对人力资本具有较强的吸引力。西部地区的城市体系是单中心结构，少量的中心城市处于集聚极化的地位，因而周围城市的吸引力较弱。同样，在大城市高技能人群就业规模产生的集聚效应和溢出效应对于后期高技能人群就业的促进作用更加显著，而对于中低技能就业则呈现挤出或作用不明显。而中小城市的高技能人群集聚对后期高低技能人群就业的空间溢出效应显著为正，在一定程度上说明了在中小城市高技能人才的集聚对于周围地区低技能人群的就业会产生正的外部性。

第三，城市高技能人才的集聚效应吸引了更多高技能人群的流入，但挤占了中低技能人群的就业份额。高技能人群集聚有利于后期高技能人群就业机会的增加，却抑制了中等技能人群的就业，这种影响在空间上广泛存在，而且没有充足的证据表明城市内部存在显著的高低技能互补关系。一方面，可能因为高技能人群集聚区生活成本高昂，中低技能劳动者出于成本—收益的考虑自主选择迁往其他地区；另一方面，可能是存在制度壁垒，使中低技能人群的流动受到限制，被排斥在人力资本溢出效应的红利之外。加剧了地区之间劳动者技能差距的扩大，既不利于发挥高技能人群促进低技能人群实现技能升级的外部效应，也不利于缩小地区差距。

五、高校扩招、人力资本集聚促进了城市的创新产出，空间溢出效应显著存在

第一，人力资本集聚对城市创新产出作用明显，高校扩招导致城市人力资本扩张，从而促进城市创新产出。基础面板数据回归表明，如果大专及以上劳动年龄人口占比增加 1 个百分点，那么城市的每万人专利申请数就会上升 53.78 个。采用高校扩招强度作为工具变量，解决人力资本集聚与城市创新产出之间的内生性问题，发现高校扩招导致的城市人力资本扩张能够促进城市创新产出上升 50.81（个/万人）。这说明高等教育资源丰富的地区，受益于高校扩招政策，能够积累更丰富的人力资本，从而促进城市的创新产出。

第二，人力资本集聚效应和空间溢出效应均有利于提高城市创新产出，且溢出效应更大。研究发现，大专及以上学历劳动年龄人口占比每增加 1 个百分点能够促进城市创新产出提高 44.46（个/万人），溢出效应表明，人力资本集聚可以促进周围相邻城市的创新产出提高 88.61（个/万人），说明相邻地区人力资本空间集聚的溢出效应有利于提高本地的创新产出。

六、人力资本集聚对创新的影响受人口密度和制度因素的调节，且在东部地区呈现"倒 U 形"曲线关系

第一，人力资本集聚受市场化程度的调节，影响了城市的创新产出。研究结论显示，市场化程度越高则越有利于人力资本集聚对创新产出作用的发挥。市场经济体制和人力资本之间是相辅相成的关系，人力资本水平的提高能

够促进知识溢出，推动体制机制改革，进而促进市场经济的成熟。而市场经济的发展降低了劳动力市场的分割程度，也为人力资本提供了良好的发展环境，从而有利于人力资本的生产能力和配置能力的发挥，推动城市创新发展。

第二，户籍门槛的降低有利于发挥人力资本集聚对创新的正向作用，人力资本集聚对城市创新产出的作用呈现先上升后下降的"倒U形"曲线趋势，尤其在东部地区更为明显。城市户籍门槛的降低能够促进人力资本的流入，从而提高城市创新产出；城市人口密度与人力资本的交互作用显示随着城市人口密度的增大，人力资本集聚所产生的知识溢出效应与规模经济会在初始阶段发挥较强的正外部性作用，促进城市的创新。但当人力资本集聚的程度与城市发展出现矛盾时，也可能导致拥挤效应产生。而且人力资本集聚与城市创新产出之间这种"倒U形"曲线的关系仅在东部地区出现，中西部地区依然需要补充人力资本。对于企业类型来说，人力资本空间集聚效应在国有企业更加明显，说明人力资本偏好于工作稳定、福利与社会保障更完善的国有企业。

七、城市创新产出的空间集聚也存在正向的溢出效应，城市间的虹吸作用不显著

从我国创新产出的菱形空间分布状况和空间杜宾模型回归的结果来看，城市间不仅人力资本，创新产出也存在较强的空间依赖性，即一个地区创新产出水平较高，受益于溢出效应相邻地区的创新产出水平也会较高，但城市间创新发展的虹吸作用在本研究中并没有得到证实。

第二节　政策建议

人力资本在空间上的集聚是一种长期的发展趋势。人力资本的空间集聚使部分地区在短期内实现了跨越式发展，但也带来了拥挤效应，且不利于那些人力资本匮乏和人才流失严重地区的发展。从人力资本空间集聚的视角看，区域均衡发展既要避免拥挤效应产生，又要调整因吸引力不足导致的人才流失，还要充分发挥人力资本集聚的空间溢出效应，促进人力资本的高效集聚。当前，我国已经开启了全面建设社会主义现代化国家的新征程，"十四五"时期，我国需要坚持创新、协调、绿色、开放、共享的新发展理念，以推动高质量发展为主题，构建更高质量、更有效率、更加公平、更可持续、更为安全的新发展格局。在新发展阶段，创新成为我国现代化建设的核心。而人力资本是创新的载体。"全方位培养、引进、用好人才"是释放人力资本活力的关键。优化空间布局，推动区域协调发展成为协调理念的新内涵。理论源于实践，并反作用于实践，新发展理念为我国实现新旧动能转换、构建新发展格局、迈向高质量发展提供了基本遵循。

根据本研究的发现和新发展理念的指导思想，提出以下四点建议。

一、打造新的增长极，充分释放空间溢出效应

我国国土面积广阔，地区间人口、资源等分布并不均衡，东西之间、南北之间的经济发展水平、创新能力也存在较大差异。三大区域、四大板块以及多中心城市群等区域发展战略都是均衡发展路径的反映。正如发展极理论所提出的，发展和增长通常是从一个"增长极"向周围传导和扩散，从而实现共同发展。我国当前各地区间的人力资本和创新要素均存在较强的空间依赖性，京津冀、长三角、粤港澳大湾区以及成渝经济圈已然成为四个增长极点，这就需要提高这些"发展极"城市的综合承载力，最大化人力资本投资的回报。另外，正在建设中的雄安新区、深圳先行示范区、各个省份的省会城市和经济发达的"第二城"以及新近崛起的新一线城市等也将成为新的增长极点。相对来说，这些城市的人力资本水平和创新水平都更高，充分利用这些地区的空间溢出效应，是实现资源优化配置的新路径。因而，新发展阶段需要统筹空间布局，打造更多的经济中心、创新中心和就业中心，并健全区域间的合作和利益补偿机制，充分发挥这些增长中心的空间溢出效应，辐射带动周围地区共同发展。

二、创新教育资源分配方式，塑造教育发展新格局

教育是人力资本形成的重要途径，也是缩小地区间发展差距的重要推动力。一个地区的发展离不开人力资本的支撑，而高水平人力资本不足，不仅是因为地区经济发展水平不高、地区吸引力不够，也可能是本地人才培养不充分，人才供给不足。当前，我国的教育资源尤其是高等教育资源在各个地区之间的分配存在较大差异。东部地区"双一流"高校众多，其中有34所集中分布在北京，而西部地区的甘肃、青海、贵州等很多省份均只有1所，高等教育资源有限，人力资本十分匮乏。因此，要合理配置教育资源，不仅是加大对中西部地区的教育投入，更要通过多元化的方式如中央与地方共建、东中西部地区合作等支持中西部地区的教育发展，保障中西部地区享有平等的教育机会和教育资源，让相对落后的地区真正享受到教育发展水平较高地区的空间溢出红利，从而实现教育发展的升级，塑造教育发展的新格局，增加中西部地区自身的人力资本供给。同时，应积极发展中西部地区的经济，增强中西部地区对人才的吸引力，避免人才流失，使增加供给与增强吸引力双管齐下。

三、深化制度改革，促进人力资本要素合理流动

一个地区的人力资本积累除了自身的人才培养和供给，外地人才流入也是主要的渠道。人力资本集聚存在累积循环效应，这会导致地区劳动技能结构的分化，从而拉大地区之间的差距。这种分化很重要的原因是制度因素。造成中低技能人群与高技能人群隔离的因素，除了生活成本，还有户籍制度、社会保障制度等。这些制度壁垒既不利于高技能人才生产率的提高，也浪费了通过空间溢出效应实现劳动技能升级的机会。而高水平人力资本偏好于流入非生产部门也不利于人力资本创造性的发挥，这就需要进一步深化市场经济改革，发挥市场在资源配置中的决定性作用，建立国内统一大市场；调整城市的户籍准入门槛，统筹城市教育、就业、医疗等基本公共服务，推进深化要素市场化配置改革，促进人力资本要素的合理流动，提高和优化人力资

本的配置效率。

四、畅通区域联系，促进区域协调发展

在外部环境发生深刻变革的背景下，我国提出了加快形成以国内大循环为主体、国内国际双循环相互促进的新发展格局。当前，我国地区间的人力资本水平差距较大，资本、劳动力、技术等生产要素在地区间的流动受阻，国内统一大市场的潜力未能得到充分释放，要素的空间配置效率有待提高。因此，需要坚持区域协调发展战略，打破区域壁垒，加强区域间的联系与合作，促进生产、分配、流通和消费各个环节在地理空间上的互联互通，提高资源的空间配置效率；让人力资本要素活性化，扩大知识传播，提升整体的人力资本质量，从而促进区域协调发展，实现在集聚中走向均衡。

第三节 不足与展望

人力资本空间集聚是经济学、管理学和地理经济学领域的重要研究主题，有着丰富的内涵和外延。本研究对人力资本空间集聚的描述，从供给角度对人力资本空间集聚的原因分析以及人力资本空间集聚对城市劳动技能结构分化和创新产出影响的研究只是冰山一角。因为能力、时间和数据的限制，很多方面没有深入分析，这也成为未来研究的方向。

首先，人力资本指标比较单一。本研究的人力资本指标使用普通高等教育水平来衡量。教育虽然是人力资本形成的重要途径，但是并不能完全反映出人力资本的内涵，人力资本还包括健康、培训等方面，仅使用教育指标进行分析并不能十分精确地反映出人力资本集聚的分布和作用。

其次，虽然本研究是以地市级行政单位为空间单元的，但是限于普查数据的指标，在后文的实证分析中，丧失了很多可能性。例如，对人力资本空间集聚的原因仅从供给方面进行了分析，并没有从需求的角度进行探究，文

献显示需求的变化同样影响着人力资本的集聚。另外，人力资本集聚与城市技能分化一章，由于没有工资相关数据，导致对于城市高低技能人力资本在工资方面是否存在互补性没有进行验证。

在未来的研究中，可从指标构建、数据和实证方法等方面继续进行深入探究，包括人力资本空间溢出效应在不同的行业有何表现，从空间计量的角度，人力资本的空间溢出效应在地理上的距离衰减效应如何等以及从需求的角度出发分析人力资本集聚的原因。另外，人力资本集聚还有一个维度是从农村到城市，对这个问题的研究实质上就是城镇化和乡村振兴的问题。从人力资本的角度，就是让流向城市的劳动者和留在农村的劳动者都能够最大化其人力资本投资回报，未来会继续对此进行探索。

参考文献

[1] 爱德华·格莱泽. 城市的胜利 [M]. 刘润泉, 译. 上海: 上海社会科学院出版社, 2012.

[2] 保罗·克鲁格曼. 地理和贸易 [M]. 张兆杰, 译. 北京: 北京大学出版社, 中国人民大学出版社, 2000.

[3] 加里·贝克尔. 人力资本 [M]. 梁小民, 译. 北京: 北京大学出版社, 1987.

[4] 赖德胜. 教育经济学 [M]. 北京: 高等教育出版社, 2011.

[5] 赖德胜, 等. 2019 中国劳动力市场发展报告: 全面开放新格局进程中的劳动力市场调整 [M]. 北京: 北京师范大学出版社, 2019.

[6] 赖德胜, 等. 2020 中国劳动力市场发展报告: 构建新发展格局背景下的劳动力市场空间演变 [M]. 北京: 北京师范大学出版社, 2020.

[7] 世界银行. 2009 年世界发展报告: 重塑世界经济地理 [M]. 北京: 清华大学出版社, 2009.

[8] 欧文·费雪. 资本和收入的性质 [M]. 谷宏伟, 卢欣, 译. 北京: 商务印书馆, 2017.

[9] 谭崇台. 发展经济概论 [M]. 武汉: 武汉大学出版社, 2008.

[10] 西奥多·W.舒尔茨. 论人力资本投资 [M]. 吴珠华, 等译. 北京: 北京经济学院出版社, 1990.

[11] 夏怡然, 等. 空间的力量: 在集聚中积累的人力资本 [M]. 上海: 上海人民出版社, 2020.

［12］亚当·斯密. 国民财富的性质和原因的研究［M］. 郭大力，王亚楠，译. 北京：商务印书馆，2014.

［13］王周伟，崔百胜，张元庆. 空间计量经济学：现代模型与方法［M］. 北京：北京大学出版社，2017.

［14］蔡武，吴国兵，朱荃. 集聚空间外部性、城乡劳动力流动对收入差距的影响［J］. 产业经济研究，2013（2）：21-30.

［15］曹威麟，姚静静，余玲玲，等. 我国人才集聚与三次产业集聚关系研究［J］. 科研管理，2015，36（12）：172-179.

［16］陈斌开，张川川. 人力资本和中国城市住房价格［J］. 中国社会科学，2016（5）：43-64，205.

［17］陈俊杰，钟昌标. 高级人力资本跨省流动、要素多样化集聚与城市技术创新［J］. 江西社会科学，2020，40（11）：70-79，254.

［18］陈乐，李郇，姚尧，等. 人口集聚对中国城市经济增长的影响分析［J］. 地理学报，2018，73（6）：1107-1120.

［19］陈朝阳，韩子璇，李小刚. 人力资本集聚及空间溢出对产业结构升级的影响研究：基于空间杜宾模型的实证分析［J］. 管理现代化，2019，39（3）：44-48.

［20］陈得文，苗建军. 人力资本集聚、空间溢出与区域经济增长：基于空间过滤模型分析［J］. 产业经济研究，2012（4）：54-62，88.

［21］陈浩. 人力资本对经济增长影响的结构分析［J］. 数量经济技术经济研究，2007（8）：59-68.

［22］陈钊，陆铭，金煜. 中国人力资本和教育发展的区域差异：对于面板数据的估算［J］. 世界经济，2004（12）：25-31.

［23］邓翔，朱高峰，万春林. 人力资本对中国经济增长的门槛效应分析：基于人力资本集聚视角［J］. 经济问题探索，2019（5）：173-181.

［24］范剑勇. 产业集聚与地区间劳动生产率差异［J］. 经济研究，2006（11）：72-81.

［25］方长春. 教育扩张是否影响了教育收益率：基于中国城镇数据的 HLM 分

析［J］. 教育研究，2019，40（1）：111-121.

［26］高远东，花拥军. 异质型人力资本对经济增长作用的空间计量实证分析
［J］. 经济科学，2012（1）：39-50.

［27］何小钢，罗奇，陈锦玲. 高质量人力资本与中国城市产业结构升级：来自
"高校扩招"的证据［J］. 经济评论，2020（4）：3-19.

［28］侯传璐，杨兴梅，逯进. 区域经济增长中的人力资本外溢效应差异：基于
中国省域数据的实证分析［J］. 青岛大学学报（自然科学版），2015
（2）：68-72.

［29］候玉娜，邓宁莎. 高等教育扩招与教育收益率：基于中国家庭追踪调查数
据的准实验研究［J］. 高教探索，2018（2）：23-30.

［30］胡宜挺，高雅琪. 高技术产业集聚对区域技术吸纳的影响：人力资本与制
度环境视角［J］. 工业技术经济，2020，39（9）：153-160.

［31］黄小勇，龙小宁. 在集聚中走向创新：专利生产中的集聚经济效应研究
［J］. 产业经济研究，2020（1）：84-98.

［32］姜怀宇，徐效坡，李铁立. 1990年代以来中国人才分布的空间变动分析
［J］. 经济地理，2005（5）：702-706.

［33］赖德胜，黄金玲. 第四次工业革命与教育变革：以劳动分工的视角［J］.
国外社会科学. 2020（6）：118-126.

［34］李晨，覃成林，任建辉. 空间溢出、邻近性与区域创新［J］. 中国科技论
坛，2017（1）：47-52，68.

［35］李海峥，梁赟玲，Barbara Fraumeni，等. 中国人力资本测度与指数构建
［J］. 经济研究，2010，45（8）：42-54.

［36］李海峥，李波，裴越芳，等. 中国人力资本的度量：方法、结果及应用
［J］. 中央财经大学学报，2014（5）：69-78.

［37］李建强，赵西亮，张昀彬. 教育扩招、人力资本与企业创新［J］. 中国经
济问题，2019（3）：81-94.

［38］李婧，谭清美，白俊红. 中国区域创新生产的空间计量分析：基于静态与
动态空间面板模型的实证研究［J］. 管理世界，2010（7）：43-55，65.

[39] 李萌，张佑林，张国平. 中国人力资本区际分布差异实证研究 [J]. 教育与经济，2007（1）：12-17.

[40] 李平华，宋灿. 人力资本集聚、空间溢出与城市生产率 [J]. 现代经济探讨，2020（11）：47-55.

[41] 李士梅，彭影. 区域制度环境对创新人才集聚的空间影响研究：基于人口老龄化的视角 [J]. 吉林大学社会科学学报，2020，60（5）：82-91，237.

[42] 李天健，侯景新. 中国人力资本的空间集聚与分布差异 [J]. 世界经济文汇，2015（3）：104-117.

[43] 梁军，赵青. 教育人力资本及其溢出效应对中国科技创新的影响研究：基于省际面板数据的经验分析 [J]. 上海大学学报（社会科学版），2018，35（6）：122-131.

[44] 梁文泉，陆铭. 城市人力资本的分化：探索不同技能劳动者的互补和空间集聚 [J]. 经济社会体制比较，2015（3）：185-197.

[45] 刘乃全，耿文才. 上海市人口空间分布格局的演变及其影响因素分析：基于空间面板模型的实证研究 [J]. 财经研究，2015，41（2）：99-110.

[46] 刘晔，王若宇，薛德升，等. 中国高技能劳动力与一般劳动力的空间分布格局及其影响因素 [J]. 地理研究，2019，38（8）：1949-1964.

[47] 刘忠艳，王见敏，王斌，等. 长江经济带人才集聚水平测度及时空演变研究：基于价值链视角 [J/OL]. 科技进步与对策，2020：1-9.

[48] 陆铭. 教育、城市与大国发展：中国跨越中等收入陷阱的区域战略 [J]. 学术月刊，2016，48（1）：75-86.

[49] 逯进，周惠民. 中国省域人力资本空间溢出效应的实证分析：基于 ESDA 方法和空间 Lucas 模型 [J]. 人口学刊，2014，36（6）：48-61.

[50] 马明. 我国相邻区域人力资本与区域创新能力的非线性关系研究 [J]. 技术经济与管理研究，2016（10）：119-123.

[51] 楠玉. 中国迈向高质量发展的人力资本差距：基于人力资本结构和配置效率的视角 [J]. 北京工业大学学报（社会科学版），2020，20（4）：

30-39.

[52] 倪超，孟大虎. 人力资本、经济增长与空间溢出效应：基于我国 1978—2015 年省级面板数据的实证研究 [J]. 北京工商大学学报（社会科学版），2017，32（6）：113-122.

[53] 倪进峰，李华. 产业集聚、人力资本与区域创新：基于异质产业集聚与协同集聚视角的实证研究 [J]. 经济问题探索，2017（12）：156-162.

[54] 彭树宏. 城市规模与工资溢价 [J]. 当代财经，2016（3）：3-12.

[55] 齐宏纲，戚伟，刘盛和. 粤港澳大湾区人才集聚的演化格局及影响因素 [J]. 地理研究，2020，39（9）：2000-2014.

[56] 钱学锋，梁琦. 分工与集聚的理论渊源 [J]. 江苏社会科学，2007（2）：70-76.

[57] 申广军，欧阳伊玲，李力行. 技能结构的地区差异：金融发展视角 [J]. 金融研究，2017（7）：45-61.

[58] 苏丽锋，孙志军. 我国高中阶段教育普及水平研究：基于人口变动、经济发展和国际比较的视角 [J]. 华中师范大学学报（人文社会科学版），2016，55（3）：151-161.

[59] 孙海波. 我国人力资本及其空间分布对产业结构升级影响研究 [M]. 北京：经济科学出版社，2018.

[60] 孙健，尤雯. 人才集聚与产业集聚的互动关系研究 [J]. 管理世界，2008（3）：177-178.

[61] 孙瑜康，孙铁山，席强敏. 北京市创新集聚的影响因素及其空间溢出效应 [J]. 地理研究，2017，36（12）：2419-2431.

[62] 童玉芬，刘晖. 京津冀高学历人口的空间集聚及影响因素分析 [J]. 人口学刊，2018，40（3）：5-17.

[63] 王桂新，潘泽瀚，陆燕秋. 中国省际人口迁移区域模式变化及其影响因素：基于 2000 和 2010 年人口普查资料的分析 [J]. 中国人口科学，2012（5）：4-15，113.

[64] 王静文，王明雁. 中国劳动力空间集聚对经济增长的影响 [J]. 经济与管

理研究，2019，40（3）：86-106.

[65] 王若宇，黄旭，薛德升，等. 2005—2015 年中国高校科研人才的时空变化及影响因素分析 [J]. 地理科学，2019，39（8）：1199-1207.

[66] 王莹莹. 劳动力空间集聚的就业效应：基于中国城市面板数据的经验分析 [J]. 云南财经大学学报，2018，34（2）：36-47.

[67] 王莹莹. 中国劳动力空间集聚格局及其形成机制分析 [J]. 中国劳动，2019（2）：81-92.

[68] 王珍珍，穆怀中. 城市规模、门槛效应与人力资本外部性 [J]. 上海行政学院学报，2018，19（2）：88-99.

[69] 吾买尔江·艾山，郑惠，孙春阳. 基于制度环境门槛模型的研发投入对区域创新能力提升研究 [J]. 新疆大学学报（哲学·人文社会科学版），2020，48（3）：13-25.

[70] 吴爱东，王娟. 技术创新，还是结构升级效率？：推动高质量发展的主导动能分析 [J]. 科技管理研究，2019，39（14）：210-217.

[71] 夏怡然，陆铭. 跨越世纪的城市人力资本足迹：历史遗产、政策冲击和劳动力流动 [J]. 经济研究，2019，54（1）：132-149.

[72] 邢春冰. 教育扩展、迁移与城乡教育差距：以大学扩招为例 [J]. 经济学（季刊），2013（4）：207-232.

[73] 徐浩，冯涛. 制度环境优化有助于推动技术创新吗？：基于中国省际动态空间面板的经验分析 [J]. 财经研究，2018，44（4）：47-61.

[74] 许良. 人力资本投资与中国经济增长的关系：文献评述 [J]. 世界经济情况，2016.

[75] 燕安，黄武俊. 人力资本不平等与地区经济增长差异：基于 1987—2008 年中国人力资本基尼系数分省数据的考察 [J]. 山西财经大学学报，2010，32（6）：1-6.

[76] 杨娟，何婷婷. 教育的代际流动性 [J]. 世界经济文汇，2015（3）：32-42.

[77] 姚先国，张海峰. 教育、人力资本与地区经济差异 [J]. 经济研究，2008

（5）：47-57.

[78] 余运江，高向东. 为什么流向大城市：城市集聚与劳动力流动研究进展 [J]. 华东经济管理，2017，31（7）：82-87.

[79] 岳昌君，邱文琪. 高校毕业生城际流动的特征分析 [J]. 北京大学教育评论，2019，17（3）：88-104，189-190.

[80] 曾湘泉，张成刚. 经济新常态下的人力资源新常态：2014 年人力资源领域大事回顾与展望 [J]. 中国人力资源开发，2015（3）：6-13.

[81] 张帆. 中国的物质资本和人力资本估算 [J]. 经济研究，2000（8）：65-71.

[82] 张海峰. 人力资本集聚与区域创新绩效：基于浙江的实证研究 [J]. 浙江社会科学，2016（2）：103-108，158-159，2.

[83] 张车伟. 理解中国的创新和创新经济 [J]. 中国人口科学，2017（6）：7-12.

[84] 张可云，何大梽. "十四五"时期区域协调发展的空间尺度探讨 [J]. 学术研究，2021（1）：74-82，177-178.

[85] 赵晓军，余爽. 改革开放以来中国经济发展阶段与人力资本结构研究 [J]. 经济科学，2020（1）：5-20.

[86] 郑玉. 人力资本集聚、空间溢出与产业结构转型升级：基于空间过滤模型的区域对比分析 [J]. 经济问题探索，2017（12）：148-155.

[87] 周锐波，胡耀宗，石思文. 要素集聚对我国城市技术进步的影响分析：基于 OLS 模型与门槛模型的实证研究 [J]. 工业技术经济，2020，39（2）：110-118.

[88] 周圣强，朱卫平. 产业集聚一定能带来经济效率吗：规模效应与拥挤效应 [J]. 产业经济研究，2013（3）：12-22.

[89] 朱平芳，徐大丰. 中国城市人力资本的估算 [J]. 经济研究，2007（9）：84-95.

[90] 邹薇，马占利. 家庭背景、代际传递与教育不平等 [J]. 中国工业经济，2019（2）：80-98.

［91］人民网. 中共十九届五中全会在京举行 ［EB/OL］. （2020-10-30）［2025-
02-24］. http://cpc. people. com. cn/n1/2020/1030/c64094-31911721. html.

［92］中华人民共和国中央人民政府. 中共中央 国务院印发《粤港澳大湾区发
展规划纲要》［EB/OL］. （2019-02-18）［2025-02-24］. http://www.
gov. cn/xinwen/2019-02/18/content_5366593. htm#1.

［93］中华人民共和国中央人民政府. 中共中央 国务院印发《长江三角洲区域
一体化发展规划纲要》［EB/OL］. （2019-12-01）［2025-02-24］. ht-
tp://www. gov. cn/zhengce/2019-12/01/content_5457442. htm.

［94］中华人民共和国中央人民政府. 2020 年政府工作报告 ［EB/OL］.
（2020-05-22）［2025-02-24］. http://www. gov. cn/guowuyuan/2020zfg
zbg. htm.

［95］中华人民共和国中央人民政府. 中共中央关于制定国民经济和社会发展第
十四个五年规划和二〇三五年远景目标的建议 ［EB/OL］. （2020-11-
03）［2025-02-24］. http://www. gov. cn/zhengce/2020-11/03/content_
5556991. htm.

［96］中华人民共和国教育部. 面向 21 世纪教育振兴行动计划 ［EB/OL］.
（1998-12-24）. http://www. moe. gov. cn/jyb_sjzl/moe_177/tnull_2487. html.

［97］ABEL, JAISON R, GABE, et al. Human Capital and Economic Activity in
Urban America ［J］. Regional Studies, 2011, 45 （8）: 1079-1090.

［98］ACEMOGLU D, RESTREPO P. Automation and New Tasks: How Technology
Displaces and Reinstates Labor ［J］. Journal of Economic Perspectives, 2019,
33 （2）: 3-30.

［99］ACEMOGLU, DARON, ANGRIST, et al. How Large Are Human-capital Ex-
ternalities? Evidence from Compulsory Schooling Laws ［J］. NBER Macroeco-
nomics Annual, 2000, 15 （1）: 9-59.

［100］ACEMOGLU D. Patterns of Skill Premia, The Review of Economic Studies
［J］. 2003, 70 （2）: 199-230.

［101］ARAUZO-CAROD J. Location Determinants of New Firms: Does Skill Level of Human Capital Really Matter? [J]. Growth and Change, 2013, 44 (1): 118-148.

[102] ARNTZ M, T GREGORY, U ZIERAHN. The Risk of Automation for Jobs in OECD Countries: A Comparative Analysis [J]. OECD Social, Employment and Migration Working Papers, 2016 (189).

[103] AUTOR, DAVID H, HANDEL, et al. Putting Tasks to the Test: Human Capital, Job Tasks and Wages [J]. Journal of Labor Economics, 2013, 31 (S1): S59-S96.

[104] BADINGER H, URL T. Determinants of Regional Unemployment: Some Evidence from Austria. Regional Studies, 2002, 36 (9): 977-988.

[105] BAHAR D, CHOUDHURY P, RAPOPORT H. Migrant Inventors and the Technological Advantage of Nations [J]. Research Policy, 2020: 103947.

[106] BENOS N, KARAGIANNIS S. Do Education Quality and Spillovers Matter? Evidence on Human Capital and Productivity in Greece [J]. Economic Modelling, 2016 (54): 563-573.

[107] BEREITSCHAFT B, CAMMACK R. Neighborhood Diversity and the Creative Class in Chicago [J]. Applied Geography, 2015 (63): 166-183.

[108] BERRY C R, GLAESER E L. The Divergence of Human Capital Levels across Cities [J]. Papers in Regional Science, 2005, 84 (3): 407-444.

[109] BORJAS G J, FREEMAN R B. From Immigrants to Robots: The Changing Locus of Substitutes for Workers [J]. Social Science Electronic Publishing, 2019, 5 (5): 22-42.

[110] BRONZINI R, PISELLI P. Determinants of Long-run Regional Productivity with Geographical Spillovers: The role of R&D, Human Capital and Public Infrastructure [J]. Regional Science and Urban Economics, 2009, 39 (2): 187-199.

[111] BRONZINI, RAFFAELLO, PISELLI, et al. Determinants of Long-run Regional Productivity with Geographical Spillovers: The Role of R&D, Human

Capital and Public Infrastructure [J]. Regional Science and Urban Economics, 2009 (39): 187-199.

[112] CARLINO G, CHATTERJEE S. The Impact of Employment Density on Innovation: Evidence from U. S. Cities [J]. Journal of Urban Economics, 2007, 62 (2): 200-220.

[113] CHEN Z, HAYNES K E. Impact of High-Speed Rail on Regional Economic Disparity in China [J]. Journal of Transport Geography, 2017 (65): 80-91.

[114] CICCONE A. Agglomeration Effects in Europe [J]. European Economic Review, 2002, 46 (2): 213-227.

[115] CICCONE A, PAPAIOANNOU E. Human Capital, the Structure of Production and Growth [J]. Review of Economics and Statistics, 2009, 91 (1): 66-82.

[116] CICCONE, ANTONIO, HALL, et al. Productivity and the Density of Economic Activity [J]. American Economic Review, 1996, 86 (1): 54-70.

[117] CROZET M. Do Migrants Follow Market Potentials? An Estimation of a New Economic Geography Mode [J]. Journal of Economic Geography, 2004, 4 (4): 439-458.

[118] DIAMOND, REBECCA. The Determinants and Welfare Implications of US Workers' Diverging Location Choices by Skill: 1980-2000 [J]. American Economic Review, 2016, 106 (3): 479-524.

[119] DONG X, ZHENG S, KAHN M E. The Role of Transportation Speed in Facilitating High Skilled Teamwork [J]. NBER working papers 24539, 2018.

[120] DURANTON G, D PUGA. Nursery Cities: Urban Diversity, Process Innovation, and the Life Cycle of Products [J]. American Economic Review, 2001, 91 (5): 1454-1477.

[121] EECKHOUT, JAN, PINHEIRO, et al. Spatial Sorting [J]. The Journal of Political Economy, 2014, 122 (3): 554-620.

[122] ELLISON, GLENN, GLAESER, et al. The Geographic Concentration of In-

dustry: Does Natural Advantage Explain Agglomeration? [J]. The American Economic Review, 1999, 89 (2): 311-316.

[123] ERTUR, CEM, KOCH, et al. Growth, Technological Interdependence and Spatial Externalities: Theory and Evidence [J]. Journal of Applied Econometrics (Chichester, England), 2007, 22 (6): 1033-1062.

[124] FINGLETON B, LOPEZ-BAZO E. Empirical Growth Models with Spatial Effects [J]. Papers in Regional Science, 2006, 85 (2): 177-198.

[125] FLORIDA RICHARD L. Cities and the Creative Class [M]. New York: Routledge, 2005: 3-19.

[126] FORSLID R, G OTTACIANO. An Analytically Solvable Core-periphery Model [J]. Journal of Economic Geography, 2003 (3): 229-240.

[127] FU, YUMING, GABRIEL, et al. Labor Migration, Human Capital Agglomeration and Regional Development in China [J]. Social Science Electronic Publishing, 2012, 42 (3): 473-484.

[128] GEORGE J BORJAS, RICHARD B FREEMAN. From Immigrants to Robots: The Changing Locus of Substitutes for Workers [J]. NBER Working Paper, No. 25438, 2019: 2-27.

[129] GERALD A CARLINO, SATYAJIT CHATTERJEE, ROBERT M HUNT. Urban Density and the Rate of Invention [J]. Journal of Urban Economics, 2007 (3): 389-419.

[130] GLAESER E L, LU M. Human capital externalities in China [J]. National Bureau of Economic Research Working Paper, No. w24925, 2018: 1-40.

[131] GLAESER E L, SAIZ A. The Rise of the Skilled City [J]. Working Papers, 2004 (35): 47-105.

[132] GLAESER E L. Learning in Cities [J]. Journal of Urban Economics, 1999, 46 (2): 254-227.

[133] GONUL D, ERKUT G. Why do Skilled People Migrate to Cities? A Spatial Econometric Analysis for Understanding the Impact of the Social Environment on

the Attraction of Human Capital to Cities in Turkey [J]. European Spatial Research & Policy, 2019, 26 (1): 127-148.

[134] GOOS, MAARTEN, MANNING, et al. Lousy and Lovely Jobs: The Rising Polarization of Work in Britain [J]. Review of Economics and Statistics, 2007, 89 (1): 118-133.

[135] GRAVES P E. A Reexamination of Migration, Economic Opportunity, and the Quality of Life [J]. Journal of Regional Science, 1976, 16 (1): 107-112.

[136] HAAS, ANETTE, OSLAND, et al. Commuting, Migration, Housing and Labour Markets: Complex Interactions [J]. Urban Studies (Edinburgh, Scotland), 2014, 51 (3): 463-476.

[137] HALLER, PETER, HEUERMANN, et al. Job Search and Hiring in Local Labor Markets: Spillovers in Regional Matching Functions [J]. Regional Science and Urban Economics, 2016 (60): 125-138.

[138] HAMILTON, et al. Where is the Wealth of Nations, Measuring Capital for the 21st Century [M]. Washington, DC: World Bank Publications, 2006: 85-101.

[139] HARALD, BADINGER, MÜLLER, et al. Regional Convergence in the European Union, 1985-1999: A Spatial Dynamic Panel Analysis [J]. Regional Studies, 2004, 38 (3): 241-253.

[140] HEAD K, MAYER T. Regional Wage and Employment Responses to Market Potential in the EU [J]. Regional Science and Urban Economics, 2006, 36 (5): 573-594.

[141] JORGENSON D W, FRAUMENI B M. Investment in Education and U. S. Economic Growth [J]. Scandinavian Journal of Economics, 1992 (94): 51-70.

[142] KIVI L H. Spatial Interactions of Regional Labor Markets in Europe [J]. University of Tartu-Faculty of Economics and Business Administration Working Paper Series, 2019.

[143] KONDO K. Spatial Persistence of Japanese Unemployment Rates [J]. Japan and the World Economy, 2015 (36): 113-122.

[144] KRUGMAN P. Increasing Returns and Economic Geography [J]. Journal of Political Economy, 1991, 99 (3): 483-499.

[145] KRUGMAN P R, VENABLES J. Globalization and the Inequality of Nations [J]. Quarterly Journal of Economics, 1995 (110): 857-880.

[146] LAROCHE M, MERETTE M. Measuring Human Capital in Canada [J]. Ministry of Finance of Canada Working Paper, 2000.

[147] LEE J. Benefits of Working Near College Workers: Human Capital Spillovers Across Neighborhoods [J]. Journal of Urban Economics, 2019, 100 (2): 123-145.

[148] LIU Y, SHEN J. Spatial Patterns and Determinants of Skilled Internal Migration in China, 2000 - 2005 [J]. Papers in Regional Science, 2014, 93 (4): 749-771.

[149] LUCAS R E. Why Doesn't Capital Flow from Rich to Poor Countries? [J]. American Economic Review, 1990, 80 (2): 92-96.

[150] MORETTI E. Estimating the Social Return to Higher Education: Evidence from Longitudinal and Repeated cross-sectional Data [J]. Journal of Econometrics, 2004 (2): 175-212.

[151] MORETTI E. Workers' Education, Spillovers, and Productivity: Evidence from Plant-Level Production Functions [J]. American Economic Review, 2004 (3): 656-690.

[152] MURPHY E, REDMOND D. The Role of 'Hard' and 'Soft' Factors for Accommodating Creative Knowledge: Insights from Dublin's 'Creative Class' [J]. Irish Geography, 2009, 42 (1): 69-84.

[153] NELSON R R, PHELPS E S. Investment in Humans, Technological Diffusion, and Economic Growth [J]. Cowles Foundation Discussion Papers, 1966, 56 (1-2): 69-75.

[154] NIFO A, VECCHIONE G. Do Institutions Play a Role in Skilled Migration? The Case of Italy [J]. Regional Studies, 2014, 48 (10): 1628-1649.

[155] OVERMAN H G, PUGA D. Unemployment Clusters across Europe's Regions and Countries [J]. Economic policy, 2002, 17 (34): 117-147.

[156] PACI R, MARROCU E, USAI S. The Complementary Effects of Proximity Dimensions on Knowledge Spillovers [J]. Spatial Economic Analysis, 2014, 9 (1): 9-30.

[157] PALIVOS T, P WANG. Spatial Agglomeration and Endogenous Growth [J]. Regional Science and Urban Economics, 1996, 26 (6): 645-669.

[158] PETRA MOSER, ALESSANDRA VOENA, FABIAN WALDINGER. German Jewish Emigres and US Invention [J]. The American Economic Review, 2014, 104 (10): 3222-255.

[159] PORTER M E. Clusters and the New Economics of Competition [J]. Harvard Business Review, 1998, 76 (6): 77-90.

[160] R RAMOS, J SURIñACH, M ARTÍS. Human Capital Spillovers, Productivity and Regional Convergence in Spain [J]. Papers in Regional Science, 2010, 89 (2): 435-447.

[161] RAUCH JAMES. Productivity Gains from Geographic Concentration of Human Capital: Evidence from the Cities [J]. Journal of Urban Economics, 1993 (34): 380-400.

[162] ROMER PM. Increasing Returns and Long-run Growth [J]. The Journal of Political Economy, 1986, 94 (5): 1002-1037.

[163] SEEBORG, MICHAEL C, JIN, et al. The New Rural-Urban Labor Mobility in China: Causes and Implications [J]. The Journal of Socioeconomics, 2000, 29 (1): 39-56.

[164] SHAPIRO, JESSE M. Smart Cities: Quality of Life, Productivity, and the Growth Effects of Human Capital [J]. The Review of Economics and Statistics, 2006 (88): 324-335.

［165］SHI, WENMING, LIN, et al. Spatial Distribution of Job Opportunities in China: Evidence from the Opening of the High-Speed Rail ［J］. Transportation Research Part A: Policy and Practice, 2020: 133-147.

［166］SIMON C, NARDINELLI. Human Capital and the Rise of American Cities, 1900-1990 ［J］. Regional Science and Urban Economics, 2002 (32): 59-96.

［167］SIMONEN J, SVENTO R, MCCANN P. The Regional and Sectoral Mobility of High-tech Workers: Insights from Finland ［J］. The Annals of Regional Science, 2016, 56 (2): 341-368.

［168］VARGA, ATTILA, SCHALK, et al. Knowledge Spillovers, Agglomeration and Macroeconomic Growth: An Empirical Approach ［J］. Regional Studies, 2004 (38): 977-989.

［169］VOSSEN D, STERNBERG R, ALFKEN C. Internal Migration of the 'Creative Class' in Germany ［J］. Regional Studies, 2019: 1-12.

［170］WINTERS J V. Why Are Smart Cities Growing? Who Moves and Who Stays? ［J］. Journal of Regional Science, 2011, 51 (2): 253-270.

［171］XING CHUNBIN. Human Capital and Urbanization in China ［J］. ADBI Working Papers, 2016: 1-32.

［172］YOU H, BIE C. Creative Class Agglomeration across Time and Space in Knowledge City: Determinants and Their Relative Importance ［J］. Habitat International, 2017 (60): 91-100.

［173］ZHENG S, KAHN M E. China's Bullet Trains Facilitate Market Integration and Mitigate the Cost of Megacity Growth ［J］. Proceedings of the National Academy of Sciences of the United States of America, 2013, 110 (14): 1248-1253.

附　录

附表 4-1　1952 年高校数量

城市码	城市	学校数	迁入数	迁出数	净值
1100	北京	28	8	28	20
1200	天津	6	10	14	4
1301	石家庄	3	0	0	0
1303	秦皇岛	0	0	0	0
1306	保定	1	2	0	−2
1401	太原	3	6	2	−4
1410	临汾	1	0	0	0
1501	呼和浩特	5	0	3	3
2101	沈阳	10	12	10	−2
2102	大连	5	5	26	21
2201	长春	7	3	12	9
2202	吉林	0	0	0	0
2224	延吉	2	0	0	0
2224	龙井	1	0	0	0
2301	哈尔滨	8	11	4	−7
3100	上海	18	13	31	18
3201	南京	10	14	19	5

续表

城市码	城市	学校数	迁入数	迁出数	净值
3203	徐州	2	1	1	0
3205	苏州	3	7	2	−5
3206	南通	1	2	0	−2
3210	扬州	2	0	3	3
3211	镇江	1	0	0	0
3301	杭州	8	21	8	−13
3302	宁波	0	0	0	0
3307	金华	1	0	0	0
3401	合肥	5	4	4	0
3402	芜湖	1	0	0	0
3501	福州	4	1	2	1
3502	厦门	2	12	1	−11
3505	泉州	1	0	0	0
3601	南昌	4	0	3	3
3604	九江	0	0	0	0
3701	济南	4	20	1	−19
3702	青岛	1	0	0	0
3705	东营	1	0	8	8
3709	泰安	1	1	1	0
4101	郑州	3	2	0	−2
4102	开封	1	2	3	1
4103	洛阳	0	0	0	0
4107	新乡	1	1	3	2
4201	武汉	16	11	46	35
4301	长沙	8	16	11	−5
4303	湘潭	0	0	0	0

城市码	城市	学校数	迁入数	迁出数	净值
4401	广州	8	8	23	15
4403	深圳	0	0	0	0
4501	南宁	4	20	0	−20
4503	桂林	1	0	0	0
4601	海口	0	0	0	0
5000	重庆	9	14	31	17
5101	成都	12	24	11	−13
5107	绵阳	0	0	0	0
5113	南充	1	0	0	0
5118	雅安	1	5	7	2
5201	贵阳	6	7	1	−6
5203	遵义	1	0	0	0
5301	昆明	7	14	3	−11
5401	拉萨	0	0	0	0
6101	西安	12	8	17	9
6104	咸阳	1	0	0	0
6201	兰州	6	0	0	0
6202	嘉峪关	0	0	0	0
6301	西宁	2	0	0	0
6401	银川	0	0	0	0
6501	乌鲁木齐	4	0	0	0

附表4-2　区位熵回归

项目	2005 年相对 2000 年短期			2015 年相对 2000 年长期		
	东部	中部	西部	东部	中部	西部
在校大学生占比	76.338***	24.378*	9.803	44.995***	33.334***	33.747**
	(18.467)	(11.309)	(18.776)	(6.396)	(6.210)	(12.931)
人均 GDP	0.273**	0.516**	0.853***	0.375***	0.223*	0.476***
	(0.086)	(0.161)	(0.257)	(0.031)	(0.095)	(0.123)
产业结构	−0.110	−0.187*	−0.169	0.210	0.314*	−0.144
	(0.115)	(0.084)	(0.277)	(0.252)	(0.142)	(0.138)
在岗职工平均工资	0.117	0.147	0.509*	0.098*	0.072	0.083
	(0.218)	(0.126)	(0.270)	(0.051)	(0.060)	(0.137)
社会消费品零售总额	−0.119*	−0.074	0.035	−0.054	−0.033	−0.018
	(0.060)	(0.056)	(0.091)	(0.036)	(0.055)	(0.035)
人口密度	−0.000	0.000	−0.000	0.000	−0.000	−0.000
	(0.000)	(0.000)	(0.000)	(0.000)	(0.000)	(0.000)
省份	Y	Y	Y	Y	Y	Y
常数项	0.476	−1.295	−6.684*	−4.861*	−4.546***	−2.710
	(1.047)	(2.132)	(3.033)	(2.378)	(1.168)	(2.326)
F 检验	23.09	46.43	19.56	20.87	44.53	22.33
观测值	92	99	73	91	98	76
R^2	0.668	0.674	0.753	0.884	0.775	0.785

附表 4-3　区位熵与扩招增量回归

项目	2005 年相对 2000 年短期			2015 年相对 2000 年长期		
	东部	中部	西部	东部	中部	西部
人均扩招增量	440.153***	168.714**	-3529.606	265.905***	234.374**	49.809
	(115.894)	(71.127)	(20578.710)	(60.901)	(78.947)	(334.994)
人均 GDP	0.113	0.460**	7.781	0.275***	0.163	0.580
	(0.066)	(0.161)	(38.923)	(0.058)	(0.123)	(0.459)
产业结构	-0.160	-0.255	2.170	0.177	0.144	-0.180
	(0.145)	(0.145)	(12.742)	(0.246)	(0.152)	(0.675)
在岗职工平均工资	-0.146	0.136	15.250	-0.043	0.043	0.342
	(0.288)	(0.128)	(81.642)	(0.077)	(0.079)	(0.697)
社会消费品零售总额	0.034	-0.020	-1.079	0.083**	0.054	0.073
	(0.056)	(0.066)	(5.794)	(0.032)	(0.039)	(0.077)
人口密度	0.000	0.000	-0.001	-0.000	-0.000	0.000
	(0.000)	(0.000)	(0.008)	(0.000)	(0.000)	(0.000)
省份	Y	Y	Y	Y	Y	Y
常数项	0.358	-0.740	-92.702	-5.523*	-3.480*	-5.160
	(1.248)	(2.877)	(483.258)	(2.457)	(1.737)	(11.607)
F 检验	24.78	25.77	43.78	22.41	26.10	15.38
观测值	79	73	40	78	72	40
R^2	0.689	0.735	—	0.862	0.792	0.877

附表 5-1　高技能

项目	大专及以上就业人口占比	大专及以上就业人口占比	本科及以上就业人口占比	本科及以上就业人口占比
	(1)	(2)	(3)	(4)
集聚效应	0.208 ***		0.354 ***	
	(0.074)		(0.116)	
溢出效应		0.335 ***		0.538 ***
		(0.128)		(0.132)
L5. ln 人均 GDP	0.010 **	0.009 **	0.007 **	0.008 ***
	(0.005)	(0.005)	(0.003)	(0.003)
L5. 产业结构	0.028 ***	0.026 ***	0.017 ***	0.018 ***
	(0.004)	(0.005)	(0.003)	(0.003)
L5. 人口密度	-0.000	0.000	-0.000	-0.000
	(0.000)	(0.000)	(0.000)	(0.000)
L5. ln 工资	-0.012	-0.011	-0.007	-0.007
	(0.008)	(0.008)	(0.005)	(0.004)
L5. ln 市场规模	0.005 ***	0.004 ***	0.004 ***	0.004 ***
	(0.001)	(0.001)	(0.001)	(0.001)
年份	Y	Y	Y	Y
城市	Y	Y	Y	Y
常数项	-0.017	0.006	-0.044	-0.052
	(0.073)	(0.071)	(0.047)	(0.044)
观测值	797	797	797	797
R^2	0.912	0.913	0.894	0.895

附表 5-2　中等技能

项目	大专及以上就业人口占比	大专及以上就业人口占比	本科及以上就业人口占比	本科及以上就业人口占比
	（1）	（2）	（3）	（4）
集聚效应	0.002		-0.182	
	(0.054)		(0.163)	
溢出效应		-0.250 ***		-0.532 ***
		(0.090)		(0.190)
L5. ln 人均 GDP	-0.013 **	-0.011 **	-0.012 **	-0.012 **
	(0.005)	(0.005)	(0.005)	(0.005)
L5. 产业结构	-0.009 **	-0.007	-0.008 *	-0.007 *
	(0.004)	(0.004)	(0.004)	(0.004)
L5. 人口密度	0.000	0.000 **	0.000	0.000 *
	(0.000)	(0.000)	(0.000)	(0.000)
L5. ln 工资	-0.012	-0.013 *	-0.013	-0.013 *
	(0.008)	(0.007)	(0.008)	(0.007)
L5. ln 市场规模	-0.003 ***	-0.002 ***	-0.002 ***	-0.002 ***
	(0.001)	(0.001)	(0.001)	(0.001)
年份	Y	Y	Y	Y
城市	Y	Y	Y	Y
常数项	0.389 ***	0.370 ***	0.383 ***	0.385 ***
	(0.074)	(0.071)	(0.073)	(0.069)
观测值	797	797	797	797
R^2	0.881	0.883	0.881	0.883

附表 5-3　低技能

项目	大专及以上就业人口占比	大专及以上就业人口占比	本科及以上就业人口占比	本科及以上就业人口占比
	（1）	（2）	（3）	（4）
集聚效应	-0.222		-0.298	
	(0.152)		(0.248)	
溢出效应		0.403**		0.526*
		(0.182)		(0.306)
L5. ln 人均 GDP	-0.037***	-0.042***	-0.038***	-0.040***
	(0.011)	(0.011)	(0.011)	(0.011)
L5. 产业结构	-0.009	-0.015	-0.008	-0.013
	(0.009)	(0.009)	(0.009)	(0.009)
L5. 人口密度	-0.000	-0.000	-0.000	-0.000
	(0.000)	(0.000)	(0.000)	(0.000)
L5. ln 工资	0.023*	0.026*	0.024*	0.025*
	(0.014)	(0.014)	(0.014)	(0.013)
L5. ln 市场规模	0.003*	0.002	0.003*	0.002
	(0.002)	(0.002)	(0.002)	(0.002)
年份	Y	Y	Y	Y
城市	Y	Y	Y	Y
常数项	0.621***	0.652***	0.613***	0.626***
	(0.140)	(0.141)	(0.138)	(0.138)
观测值	797	797	797	797
R^2	0.907	0.908	0.907	0.907